MEIN ENGEL FRITZ

„Mein Engel Fritz“ erschienen 10-2017, 1. Auflage
Verlagshaus Schlosser, 85551 Kirchheim

Text: Eduard Maass
Umschlag, Layout & Druck: Verlagshaus Schlosser
ISBN: 978-3-96200-014-1
€ 12,90

MEIN ENGEL FRITZ

und Geschichten aus meinem Leben

von

Eduard Maass

VORWORT JANA HAAS

MEINEN ELTERN

SAGE ICH VON HERZEN

DANKE

FÜR IHRE

LIEBE

WARMHERZIGKEIT

UND GEDULD

FÜR

CHIARA

Inhaltsverzeichnis

Vorwort Jana Haas	10
Einleitung	14
Trauer um unser Kind	26
Kindheit	31
Anja und Amerika	39
Nein, danke!	52
Geliebte Oma	53
Engel im Christentum	62
Plötzlich Künstler	64
Schule und Jugend	70
Tommy	90
Hannelore	94
Begegnung am Feldkreuz	105
Mutter	114
Engel im Islam	124
Die schöne Frau	126
Privatkonzert und Punktspiel	130
Der verkrüppelte Baum	138

Fußgängerzone	142
Das Gemälde	158
Die 70. Idee	163
Wunsch – Traum	167
Vater	172
Engel im Judentum	183
Rauch und Dynamit	185
Sammler der guten Nachrichten	192
Die Geburt und das Feuer	194
Ich liebe Dich – dito	200
Was übrig bleibt	205
Meditation und Gebete	211
Informationen	218

TITELBILD, ZEICHNUNGEN, FOTOS

CHIARA BUCK

Vorwort

Jana Haas

Liebe Leserinnen und Leser,

ich freue mich, dass dieses liebevolle und abwechslungsreiche Buch zu Ihnen gefunden hat!

Ich kenne Eduard Maass seit vielen Jahren und schätze ihn als einen liebevollen und gütigen Menschen. Er ist für mich wie ein Engel auf Erden. In unserer schnelllebigen und intensiven Zeit benötigen wir Literatur, die unser Herz anspricht, unseren Geist entschleunigt und das Bewusstsein für die Wunder des Lebens schärft. Es geht um den inneren Weg zum Vertrauen, zur Hingabe und zur Güte. Dieser entsteht durch freudiges, friedvolles Miteinander und durch Momente der tiefsten Vergebung.

Die Welt wird zunehmend feingeistiger und die Bewusstseinskräfte nehmen zu. Der Mensch war zu allen Zeiten Mitschöpfer seines eigenen Schicksals und er wird es im verstärkten Maße immer mehr sein. Durch zunehmende geistige Bewusstseins- und Seelenkräfte sind wir heute so intensiv wie nie zuvor in der Lage, die Ausrichtung unseres Lebens und Schicksals selbst in entscheidendem Masse mitzubestimmen. Zu keiner Zeit in der Menschheitsgeschichte hatte der einzelne Mensch jemals die Möglichkeiten, wie gerade jetzt, zu erfahren, wer er wirklich ist und was seinen Lebenssinn und Seelenplan ausmacht. Die neue Zeit erfordert die Trinität von Geist, Körper und Seele, also die Rationalität der Gedanken, die Tatkraft der Handlungen mit einem stimmigen liebevollen Gefühl des Herzens zu verbinden.

So werden wir erkennen, dass all unsere bewussten, wie auch unbewussten Gedanken, Gefühle und Handlungen, allesamt Bausteine an unserem zukünftigen Schicksal sind.

Der Weg in die Harmonie von Körper, Seele und Geist gelingt über die inneren Eigenschaften und Handlungen in der Liebe. Es wird in der neuen Zeit zunehmend wichtiger, sich seiner friedvollen Liebe und lichtvollen geistigen Anbindung bewusst zu werden, um ein erfülltes Leben zu führen. Dann können wir mit Zuversicht, Hoffnung und dem tiefen Glauben an eine lichtvolle Zukunft unser Leben liebevoll gestalten und unsere Engel durch unsere täglichen Gebete und Meditationen in unser Leben hereinlassen. So können sie uns mit ihrer Liebe und Engelsgeduld lichtvoll begleiten, behüten und unterstützen.

So sollten wir täglich tief in uns hineinhorchen, auf der Suche nach der schöpferischen Kraft, die uns alle umgibt und aus der Weisheit unseres Herzens leben. In der Auseinandersetzung mit dem eigenen inneren Licht geht es um die Bewusstwerdung dessen, wo möchte ich in meiner persönlichen Entwicklung hinsteuern. Dementsprechend denken, fühlen und handeln wir dann auch und bringen uns mit unseren Möglichkeiten liebevoll in die Gesellschaft ein. In unserem inneren Licht geht es um die innere Freiheit und die damit verbundene Eigenverantwortung, nämlich sich selbst, seine Kraft, seine Lebensaufgaben, seinen Lebenssinn durch seine Selbstliebe, die den Weg zur Nächstenliebe ebnet, anzunehmen und Frieden mit sich und allem zu schließen.

Eine liebevolle Lebenseinstellung verbindet uns mit dem göttlichen Leuchten in unserem Seelenplan und lässt uns täglich Kraft und Glück aus dieser Quelle der Energie, Heilung und Weisheit schöpfen. Es berührt uns zutiefst, wenn Spiritualität und eigene Heilkraft unmittelbar bewusst werden und ein tiefes Glücksgefühl in innerer Geborgenheit und neuer Lebensmut entstehen. Wir sollten die Liebe in uns viel mehr kultivieren und unsere liebevolle Persönlichkeit erkennen, sowie eine tiefe innere Reife noch mehr ausbilden, sodass wir die Kraft in uns erfahren, die uns stark macht und wie ein Fels in der Brandung sein lässt. Somit gewinnen wir an Urvertrauen. Wir sind auf dieser Erde, um uns hier, in Raum und Zeit, zu erfahren und zu begreifen. Wir sind nicht auf der Erde um zu leiden, sondern um uns zu entwickeln und entsprechendes Leid zu erlösen, um immer liebevoller, mitfühlender und weiser zu werden.

Ein liebevoller Bewusstseinswandel führt zu einem liebevollen Wertewandel. Liebevoller Wertewandel bedeutet das gute Wahrnehmen der Qualität der eigenen Gedanken, Gefühle und der Folge seiner Handlungen. Es bedeutet, dass man liebevoll über sich und andere denkt und fühlt, dass man Hilfe nicht verweigert oder jemand missachtet. Das fängt bei einem selbst an, bei der eigenen Nachsicht, auch bei der Fürsorge mit sich selbst aus tiefen Emotionen heraus. Das Leben ergibt dann plötzlich einen Sinn, wenn Antworten sich fügen bei jedem einzelnen Schritt den man macht, im inneren, wie auch im außen.

Wir sollten in Achtsamkeit unseren Blick für das Gute schärfen und uns fragen, welche Menschen waren wie Engel in meinem Leben, ob über einen kurzen oder einen längeren Zeitraum. Welche Menschen konnten allein mit ihrer Gestik oder mit einem Wort, mit ihren Augen, mit ihrer Ausstrahlung unser Herz zu tiefst berühren, dass sie damit für uns wegweisend waren; weil wir plötzlich Vertrauen spürten, in unser Schicksal Vertrauen fassen konnten, ebenso auch in unsere Mitmenschen. Mögen solche Menschen uns stets begegnen, die durch ihre Güte wie Engel auf Erden wirken. Mögen sie reale Bilder für dessen sein, was es bedeutet, der himmlische Segen wirkt durch segensreiche Gedanken, Gefühle und Handlungen liebevoller Menschen auf dieser Welt. Es geht darum, dass man ein gutes Herz hat. Somit ist jeder Mensch in seiner Individualität pure Schönheit, pures Antlitz der Liebe Gottes. Liebe weitet das Herz und macht frei.

Möge dieses Buch von Eduard Maass mit liebevollen und kraftvollen Inspirationen bereichern. So kann unser Alltag in friedvoller Präsenz mit Gott und den Engeln verlaufen und das Selbst- und Urvertrauen sich vertiefen.

Mögen Liebe, Vertrauen und Harmonie unsere Begleiter sein.

Jana Haas Herdwangen-
Schönach, Juli 2017

EINLEITUNG

In den letzten Jahren habe ich bestimmt mehr als 2.000 Menschen zu den Themen Spiritualität im Sterben, dem Tod und der Trauer angeschrieben, nach Erlebnissen, Begegnungen und Berührungen gefragt. Die meisten Kontakte habe ich durch persönliche Empfehlungen erhalten, mit vielen habe ich telefoniert, mich verabredet und in tiefem Vertrauen ihre Geschichten erzählt bekommen.

Wunderbare Freundschaften sind gewachsen und haben meine Erwartungen weit übertroffen.

Wenige Jahre zuvor, in einem sehr ehrgeizigen Projekt zugunsten unserer ambulanten Hospizarbeit vor Ort, hatte ich Prominente im deutschsprachigen Raum angeschrieben und um selbst erlebte Geschichten gebeten. Die persönlichen Beiträge vieler bekannter Autoren wurden in 2012 in „DAS BUCH VOM ABSCHIED“ veröffentlicht und konnten vielen Lesern Trost und Hoffnung geben.

Es wurde aufgezeigt, dass das Leben mit seinen Schicksalen und dem Sterben alle Menschen vereint und die Motivation aller Beteiligten war und ist, in dieses Thema Optimismus und Liebe hinein zu bringen.

Dieses neue Projekt und meine lange, persönliche Erfahrung zeigte mir mit seinen Themen der Philosophie des Lebens und des Sterbens, was im Sterbeprozess geschieht, wie Betroffene und Angehörige die Krankheit, das Leben und das Sterben erleben, die Trauer und die Zeit danach verarbeiten, sowie der Wunsch nach Gott und seinen Helfern.

Meiner eigenen Lebenserfahrung und Einstellung geschuldet, möchte ich dem Leser ein Buch mit Geschichten der Hoffnung, Dankbarkeit, der Freude und des Schmunzelns vorlegen.

In den weit über 25 Jahren Sterbe-, Trauer- und Krankenbegleitung haben sich mir Ereignisse, Gespräche und Begebenheiten aufgetan, welche meine Sichtweisen zum Leben und was uns danach erwartet verstärkten, mich erinnern ließen, was Glaube und Liebe in mir bedeuten.

Eine lange Kette von persönlich erlebten Geschichten, die im Einzelnen betrachtet mir nie erwähnenswert erschienen, im Zusammenhang und vor allem in Notsituationen aber den Sinn für mich ergaben.

Möglich war und ist dies für mich, da ich nie nach einem Beweis suchte oder einen Suchauftrag nach diesem empfand.

Geprägt wurde ich vom liebevollen und durchaus spirituellen Elternhaus; meiner Oma aus Pommern und meiner ältesten Schwester Hannelore, sowie Freunden der Familie aus verschiedenen Nationen, Religionen und Kirchen.

Wir waren ökumenisch orientierte Leute, lange bevor ich überhaupt die Bedeutung dieses Wortes kannte. Wenn es meiner Mutter in den Sinn kam, zu danken, oder um etwas zu bitten, ging sie mit ihren Kindern in das nächste Gotteshaus, zur nächsten Versammlung oder auch einfach in der Natur.

„Gott wohnt überall und ist für alle zuständig", so ihre Worte.

Vor allem die vielen Erzählungen zu Frieden, Glaube, Liebe und Hoffnung in allen Religionen, Erzählungen, Gespräche und Diskussionen bestärkten mich in hohem Maße.

Die Geschichte über Jakobs Sohn Josef, dem Traumdeuter und seinen Brüdern habe ich unzählige Male hören wollen und Mutter, Oma und Schwester haben mir diesen Wunsch meistens erfüllt.

Neben den gängigen, bekannten Märchen der Gebrüder Grimm und von Hans Christian Andersen haben wir oft eigene Geschichten, welche dann in allen möglichen Ländern, vorzugsweise im Orient, also in 1001 Nacht spielten, frei erzählt und die meist einen glücklichen Ausgang hatten. Meine Erzählerinnen, Oma, Mutter und Hannelore integrierten immer ihre Begegnungen und Berührungen mit den Engeln darin. Also, für mich von Kindesbeinen an, etwas Selbstverständliches und Beruhigendes, Sicherheit.

In diesem Buch wird kein Nachweis der Existenz von Gott, dem Himmel und den Engeln gesucht oder erbracht.

Die Botschaft für mich und diejenigen, deren erzählte Geschichten ich, ergriffen und beeindruckt hier wiedergeben darf, lautet schlicht und ergreifend:

WER ES GLAUBT, WIRD SELIG

WER NICHT, AUCH

Alle Gesprächspartner baten um Vertraulichkeit als Bedingung zur Veröffentlichung ihrer Erlebnisse, ihren Erzählungen, was in der Hospizarbeit, in der Sterbebegleitung, den Trauer- und Krankengesprächen eh selbstverständlich ist, da wir, wie in vielen anderen Bereichen auch, der Schweigepflicht unterliegen.

Gleichwohl waren sie alle sehr froh, eingeladen zu sein, gehört und ernst genommen zu werden, keinen pessimistischen Blick zu ernten, niemand, der die Augenbrauen hochzieht, ein Gegenüber gefunden zu haben, der ähnliches erleben durfte und gelernt hatte, damit fröhlich und natürlich umzugehen.

Meine Freunde finden sich in verschiedenen Nationalitäten, Konfessionen und Religionen, welche in den für uns wichtigsten Einstellungen absolut übereinstimmen.

Die Liebe und der Frieden untereinander stehen ganz oben, zieht sich wie ein roter Faden durch die Schriften der weltweiten Religionen. So haben es mir meine Freunde berichtet, allesamt der Nächstenliebe, dem Frieden von sich aus verpflichtet und sie versuchen, was uns eben auch verbindet, danach zu leben. Nicht immer einfach, aber es will probiert sein.

Mit diesen Freunden spreche ich über mein Projekt, dass ich für mich meinen kindlichen Glauben bewahren bzw. wiedererlangen konnte. So komme ich in den Genuss von ein paar wunderbaren Erklärungen in unseren Religionen, was die Engel in der lichtvollen, geistigen Welt betrifft und die ich hier wiedergeben möchte.

Es gibt mit hoher Wahrscheinlichkeit ganz viele solch schöner Geschichten in den verschiedensten Religionen dieser Welt, welche uns gefallen und die Religionswissenschaftler und Gelehrten mögen mir meine Laienhaftigkeit und meine Unbefangenheit beim fröhlichen Niederschreiben nachsehen.

So hat jeder Muslim 2 Engel an seiner Seite. Einer schreibt seine guten Taten auf und einer die schlechten Taten. 2 andere Engel wachen über ihn und beschützen ihn, einer vor ihm und einer hinter ihm. So gibt es 4 Engel am Tag und 4 Engel für die Nacht. Sie sind aus Licht gemacht und nur sie übermittelten die göttlichen Offenbarungen den Propheten.

Martin Luther schreibt, wer einen Engel zum Freund hat, braucht die ganze Welt nicht zu fürchten. Die Engel Gottes sind eine Wagenburg um uns und es sind mehr Engel im Himmel, als Gras und Laub in allen Wäldern und Gärten auf Erden. Es wünschen die lieben Engel, dass Gott den Gläubigen ein fröhliches, freudereiches Herz gibt.

Papst Benedikt in einer seiner Predigten: „Wenn Gott den Engel zum Schutzengeldienst ruft, dann dient dieser Gott in uns“.

„Die Engel lieben die Menschen, sie beschützen die Menschen an Leib und Seele“.

„Engel sind Himmelsboten. Die Existenz der Engel ist eine Glaubenswahrheit“

und der heilige Basilius sagte: „Einem jeden der Gläubigen steht ein Engel als Beschützer und Hirte zur Seite, um ihn zum Leben zu führen“.

Im Jüdischen Glauben findet sich diese Geschichte. Das ungeborene Kind im Mutterleib kennt die ganze Thora und kann von einem Ende der Welt zum anderen sehen. Im Augenblick seiner Geburt kommt ein Engel und gibt dem Neugeborenen einen Kuss, woraufhin das Kind sofort alles vergisst und die Thora von Anfang an lesen und lernen muss.

In der Sterbebegleitung haben wir es mehr und mehr mitunterschiedlichen Religionen und Glaubensgemeinschaften zu tun, kein Wunder, sind wir doch, Gott sei Dank eine multikulturelle Gesellschaft geworden, die im Großen und Ganzen ein gutes Miteinander pflegt. Auch hier nehme ich die überwiegend positiven Erlebnisse für meine Aussage, gemäß meiner Lebenseinstellung.

Wir möchten allen Menschen offen, tolerant und liebevoll Gegenüber stehen, öffnet sich doch dadurch sehr stark unser Horizont und der Blick für anderes, vermeintlich fremdes.

Was für mich neu war, dass sich Engel überall in den Religionen finden, sehr oft genannt werden als Boten, Überbringer, Helfer und vieles mehr.

Da gibt es, ich habe es selbst erlebt, keine Grenzen und keine Nationalitäten

Gemeinsam mit einem großen Seniorenzentrum in unserer Stadt und der Hilfe unserer vielen Freunde und Förderer haben wir die Ausstellung

„ENGEL – SIND ÜBERALL“

geplant und durchgeführt.

Ein Freund und Künstler, der in abgestorbenen Hölzern unserer Wälder Figuren, Formen und Gesichter erkennen kann, diese nur leicht bearbeitet und dann als Engel - Skulpturen in der Größe bis 3,50 Meter für den Innen- aber auch für den Außenbereich fertigt, stellte sie uns für diese Ausstellung zur Verfügung.

Um dieses Thema und diese Engel - Skulpturen herum haben wir Menschen aller Altersgruppen aus unserer Region gebeten, ein Bild aus ihrer jeweiligen Sicht zu diesem Thema zu malen, welches dann in dem Alten- und Pflegezentrum, in Rahmen gebracht, aufgehängt und ausgestellt werden sollte.

Die jüngste Künstlerin war 4 Jahre alt, die älteste 93 Jahre. Katholisch, Evangelisch, Muslime, Atheisten, Kranke und Gesunde, alle hatten mit Freuden ein Bild gemalt und abgegeben.

136 Bilder und ich war sehr erstaunt, wir hätten aberhunderte bekommen können.

Jana Haas hatte über diese Ausstellung ihren Schirm gespannt, dazu gab es ein Begleitbuch für jeden Künstler als ihr Honorar und für die so zahlreich erschienenen Besucher war es käuflich zu erwerben.

Die Ausstellungsdauer zuerst auf 4 Wochen angelegt, musste jedoch des Erfolges wegen um weitere 6 Wochen verlängert werden.

Die schönen und allesamt positiven Rückmeldungen zu den Skulpturen und Engelbilder haben den kleinen und großen Künstlern gefallen. Das Buch ist bis auf wenige Exemplare sozusagen vergriffen, die gesamte Auflage weg.

Nach dem Ausstellungsende bekam jeder Künstler sein schön gerahmtes Bild zurück, sowie sein Honorar, eines der Begleitbücher überreicht.

Ein Kompliment von den Eltern einer 5jährigen Künstlerin aus einem Kindergarten möchte ich hier exemplarisch wiedergeben: „Herzlichen Dank an alle, die diese wunderbare Idee hatten, diese in die Realität umsetzten und wir mögen uns den schönen

Gedanken vorstellen, dass wir unserer Tochter dieses Buch mit ihrem gemalten Engelbild darin und den vielen anderen Engelbildern zu ihrer Hochzeit einpacken und ihr schenken“.

„Und dann zeigt sie es wiederum ihren Kindern“. „Wir lachen heute schon vor Glück“.

So mag ich schon am Anfang meines Buches ein richtig gutes Resümee ziehen:

Wenn wir mit einer Ausstellung über Engel so viel Freude und Glück generationenübergreifend erreichen, ist es die beste Ermutigung, weiter zu machen.

Ein großer Erfolg, weit über unsere Grenzen hinaus und das Buch findet sich jetzt sogar im Deutschen Engelmuseum.

Vor dem Eingangsbereich des Pflegezentrums stehen seitdem 3 zweieinhalb bis dreieinhalb Meter große Engel – Skulpturen, zum Erstaunen, zum Schutz und zur Freude aller Bewohner und Besucher.

In den letzten Jahren habe ich mich selbst sehr oft gefragt, warum wirst Du jetzt erst mutig, Engel-, Nahtoderlebnisse, Berührungen, Gesehenes und Gespürtes Dir einzugestehen, mit Freunden darüber zu sprechen und jetzt, Älter und hoffentlich weiser, im Detail darüber zu schreiben.

Das Erlebte, den Schlaganfall in der Fußgängerzone, meine Enkelin erst 8 Monate alt, mir im Kinderwagen anvertraut und der Tag endet für mich in der Intensivstation unseres Krankenhauses.

Die anschließende monatelange Rehabilitation und Therapie. Noch nicht genug, ein Jahr danach die schwierige Bandscheibenoperation, der Herzinfarkt 2 Jahre später, Bypass Operation, Intensivstation, Rehabilitation – ich berichte hier noch darüber.

Diese und ähnliche Gründe führten auch meine vielen Gesprächspartner an und es sind weit über 100 geworden. Daher sind die fast fünf Jahre Arbeit des Entstehens nicht verwunderlich.

Davor war mein Leben, zumindest zu diesem Thema nur für mich bestimmt. Ich wollte ja schließlich nicht als Spinner und Phantast gelten, hatte Angst und Bedenken davor, dass andere wegen dieses Themas über mich den Kopf schütteln.

An anderer Stelle beschreibe ich nie gekannte Ängste, die ich seit meinem Schlaganfall in mir trage und in einem langen Prozess lernte, damit gut um zu gehen.

Ich denke, ich habe der Angst und dem Tod meine Freundschaft angeboten und beide haben angenommen, der Hoffnung Platz gemacht.

Es ist auch schwierig und mein Verständnis für andere ist hier enorm gewachsen. Du wirst Jahre nach deiner Krankheit aus Anteilnahme, Interesse oder Gewohnheit gefragt: "Wie geht es dir"?

Dann möchte ich nicht über eine lange Zeit hinweg von meinen Ängsten und Nöten, gar von Krankheiten erzählen, sonst fragt dich keiner mehr. Kein Vorwurf an niemand, hatte ich mich doch vorher bestimmt genauso verhalten.

Da halte ich mich an einen Satz aus dem „Gebet eines älter werdenden Menschen" von Teresa von Avila (1515 – 1582) LEHRE MICH SCHWEIGEN ÜBER MEINE KRANKHEITEN UND BESCHWERDEN – SIE NEHMEN ZU UND

DIE LUST SIE ZU BESCHREIBEN WÄCHST VON JAHR ZU JAHR

Im Kapitel MEDITATION findet ihr das ganze Gebet.

Im Sommer 2005 war ich lange Zeit zur Rehabilitation in einer Klinik direkt am Bodensee und es ging mir nicht immer optimal, um es mal vorsichtig auszudrücken.

Angereist war ich mit einem Rollator, einem Schnappknie und sehr undeutlicher Sprache, die linke Körperhälfte nur bedingt funktionsfähig, sowie einer tieftraurigen Seele.

Wir hatten in diesem Jahr einen richtig schönen und sehr warmen Sommer. Ich hatte mich, immer mit Sonnenhut ausgestattet, viel in der frischen Luft bewegt. Meine Kreise um die Klinik wuchsen von Tag zu Tag, analog zu den sich einstellenden therapeutischen Fortschritten und ich hatte mir eine dementsprechende Bräunung zugelegt.

Zur weiteren Gesundung nach Hause entlassen, wollte ich eigentlich jedem erzählen, wie knapp es bei mir zuging und ich hätte ein Pflegefall werden, oder auch sterben können.

Stattdessen war die am häufigsten an mich gestellte Frage: „Hey, Eduard, wie geht's, lange nicht gesehen, warst du in der Karibik“?

Peng!

Wenn ich mir überlege, wie viele Menschen Erlebnisse, Erfahrungen und Berührungen allein mir gegenüber für dieses Buch schilderten, mit der ganzen Kraft der Liebe sichtbar, wird mir wohl um mein Herz und ich könnte springen vor Freude.

Wenn ich bedenke, wie es hätte ausgehen können. Alles Negative hätte auch passieren können und so antworte ich heute zu Recht, dankbar und mit meiner tiefen Überzeugung auf die genannte Frage: “Meistens gut“.

TRAUER UM UNSER KIND

Während eines Trauerseminars in einem Kloster lernte ich ein nettes Ehepaar aus Norddeutschland kennen. In sich gekehrt und doch auch fröhlich.

Wir kamen abends ins Gespräch und ich erfuhr, dass sie vor ein paar Jahren ihren sechsjährigen Jungen verloren haben.

Er wurde in einer Unachtsamkeit von einem LKW erfasst und tödlich verletzt.

Beim Erzählen waren beide tieftraurig, weinten und dankten mir, dass ich ihnen zuhörte.

Auf einmal senkte die Mutter ihre Stimme und sprach ganz leise:“ Dürfen wir Dir mal was ganz Besonderes, ein Wunder, etwas Unglaubliches erzählen?“.

Der Vater meinte, sie solle es lieber nicht tun, da sie ja doch wieder ein mitleidiges Lächeln, wie immer, ernten würde.

Aber, ich bekam schöne Vorschusslorbeeren von ihr und ermutigte sie auch. „Nein, bei Eduard ganz bestimmt nicht, da bin ich mir sicher“ erwiderte die Frau und fing mit leiser Stimme an, mir zu erzählen.

Er war ein wunderschöner, blonder Junge, aufgeweckt und voller Fröhlichkeit. Einfach nicht vorstellbar, dass er von jetzt auf nachher weg war, überfahren, fast vor unseren Augen gestorben. Der Blick in den offenen Sarg hat uns fast das Herz zerrissen.

Alles brach zusammen, die Frage nach Gott haben wir beide jeden Tag gestellt, keine Antworten erhalten, jedoch das Mitgefühl in der übrigen Familie und dem Freundes- und Bekanntenkreis war sehr groß.

Über 1.000 Menschen kamen zur Beerdigung, ein Blumenmeer über seinem kleinen Sarg und später an seinem Grab.

Die Eltern konnten ihre ganzen Kräfte mobilisieren und diese Zeit sogar ohne Medikamente überstehen, wie sie nicht ganz ohne Stolz erzählen.

Sie beteten nicht mehr, mieden die Kirche, haderten mit Gott und dem Himmel, schotteten sich von allen Freunden und der Familie ab, wussten in ihrer unendlichen Trauer, ihrer Verzweiflung und Verbitterung bald keinen Ausweg mehr und es kam der Gedanke, sich gemeinsam das Leben zu nehmen, in die Nähe ihres Kindes zu kommen.

Die Vorbereitungen dazu liefen bereits intensiv, als Zeitpunkt wurde der August gewählt, exakt einen Tag nach dem 7. Geburtstag ihres Sohnes.

Hier noch einmal an ihn denken, seinen Geburtstag „feiern“ und dann Schluss machen. „So war der Gedanke“ flüsterte die Mutter mir zu.

Der Kaffeetisch im Garten war gedeckt, ein herrlicher Augusttag, die Oma hatte einen Marmorkuchen, den Lieblingskuchen ihres Enkels gebacken. Sie war in das Vorhaben eingeweiht und wollte nicht einen Moment zögern, dabei zu sein. Ihr Mann war zu früh, im Alter von gerade mal sechzig Jahren gestorben, durch einen Arbeitsunfall. „Richtig traurig und schade, dass mein Mann seinen Enkel nicht mehr erlebt hat, aber jetzt sind sie zusammen, beieinander“.

Sie saßen alle drei am Tisch und erzählten von ihrem Kind.

Ein kleiner Vogel flog an den Gartentisch, auf dem der Marmorkuchen stand und die drei saßen stocksteif, keiner rührte oder räusperte sich. Er blieb sitzen, flog einfach nicht mehr weg.

Eine fast atemlose Stille.

Mutter, Vater und Oma saßen minutenlang schweigend da, sahen dem kleinen Vogel zu, wie er mit seinem Schnabel die Krümel des Marmorkuchens aufpickte, immer wieder aufsah und guckte, trotz unserer unmittelbaren Nähe minutenlang sitzen blieb, keine Anstalten machte, wegzufliegen.

Die Tränen flossen in Bächen ihre Wangen runter und für alle drei war klar, was es für sie bedeutete.

Kein Gedanke und kein Wort mehr zu dem eigenen Gehen – Entschuldigung, Verzeihung.

An einem Kruzifix, einem Wegekreuz, dort gingen sie früher mit ihrem Kind im Kinderwagen oft spazieren und verweilten in Dankbarkeit, steht seither jede Woche eine frische Blume, dort und im örtlichen Kirchlein sieht man die Eltern wieder beten.

Ich konnte gemeinsam mit den Eltern berührt sein, mit Ihnen weinen.

„Eduard, ich möchte Dir noch etwas Schönes erzählen“, so die Mutter, mit einem für mich erkennbaren, ganz besonders gütigen und liebevollen Gesichtsausdruck.

„Der kleine Vogel kommt auch noch zu den folgenden Geburtstagen unseres Kindes, bleibt eine ganze Weile sitzen, fliegt für kurze Zeit weg und kommt wieder.

Wir wollten diese, für uns so wichtige, ganz besondere Begebenheit und Botschaft anderen, unseren Freunden zugänglich machen, dieses mitteilen".

„Jetzt merken wir, dass wir von vielen gemieden werden, wir haben das Gefühl, die Menschen haben ein anderes Mitleid mit uns, „mit denen" ist etwas nicht mehr ganz in Ordnung".

Aufgrund meiner eigenen Lebensgeschichte bestärkte ich die beiden, diese Begebenheiten, diese Botschaft für sich als etwas ganz Besonderes, ich sage, etwas Heiliges zu nehmen, es zu bewahren.

Später habe ich ihnen einen Brief von einem Gespräch mit Prälat i.R. Martin Klumpp geschrieben.

In einem Krankenhaus war ich zu einem Seminar eingeladen mit Prälat i.R. Martin Klumpp, dem Mitbegründer der Stuttgarter Hospize.

Wie ich finde, ein weiser Mann.

Er leitet viele Gesprächsgruppen für trauernde Menschen, hält Vorträge, gibt Ratsuchenden Hilfe, ist Kurator, der richtige Ansprechpartner für meine Fragen.

Diese und ein paar ähnliche Begebenheiten habe ich ihm erzählt und gefragt, wie ich damit am besten umgehen soll, was ich den Leuten sagen darf.

Seine ganz einfache Antwort:" So wie es die Menschen erzählen, so ist es und am besten, wir nehmen es uneingeschränkt und bedingungslos an".

„Wer sind wir, dass wir solche Geschichten anzweifeln, gar für verrückt erklären?".

„Was wollen wir uns anmaßen?“ So seine Worte.

Ich habe mir den Geburtstag des Jungen notiert und rufe jetzt jedes Jahr an.

Liebevolle und dankbare Worte darf ich von meinen Freunden entgegennehmen.

KINDHEIT

Das Kinderzimmer war groß, hatte sehr hohe Decken und ich habe es mit meinen zwei Brüdern geteilt. Das Doppelbett für die zwei und das einzelne für mich.

Über jedem Bett hing ein schlichter Holzrahmen mit einem Schutzengelbild drin. Der Schutzengel wacht über 2 Kinder, welche gerade über eine Holzbrücke gehen.

Daneben hatte unsere Mutter über meinem Bett eine Doppelseite aus einer Illustrierten mit Reißnägeln befestigt. In den zusammengelegten Pfoten eines riesigen Löwen hatte es sich eine kleine Katze gemütlich gemacht. Unter der Überschrift „Liebe geht seltsame Wege“ wird eine Geschichte aus den USA beschrieben. Das Kätzchen hat seine Mutter verloren und irrt durch einen Zoologischen Garten. Plötzlich liegt da ein Tier, riesengroß, auch eine Katze. Das Kätzchen drückt sich an seine Brust und die Löwin legt ihre mächtigen Pranken schützend um das Kätzchen.

Mein Schutzengelbild aus den Kindertagen hängt immer noch über meinem Bett, hat mich also mein ganzes, langes Leben begleitet. Manchmal bin ich beim Ansehen mit meinen Gedanken sehr schnell wieder in meinen Kindertagen.

Den Zeitungsausschnitt mit dem Löwen und der Katze habe ich vor Jahren beim Blättern der alten Familienbibel von 1896 beim Psalm 23, den Lieblingspsalm meiner Mutter, meiner Oma und natürlich auch von mir, gefunden. Ein zwischenzeitlich vergilbtes Blatt, weit über 60 Jahre alt und für mich ungemein wertvoll.

Ich werde es später an meine Enkelin weiterreichen

Als jüngstes von fünf Kindern betete meine Mutter jeden Abend mit mir:

" Lieber Schutzengel von Eduard, Danke für Dein Aufpassen am nun zu Ende gehenden Tag, behüte, beschütze und segne mein Kind, schenke ihm eine gute Nacht und begleite ihn sicher durch sein Leben."

Dann folgte noch:" Ich bin klein, mein Herz ist rein, soll niemand drin wohnen, als Jesus allein. Amen."

Niemals gab es ein Einschlafen ohne die liebevolle Umarmung, einen Kuss und das zärtliche über meinen Kopf und meine Haare streicheln.

Morgens war nicht so viel Zeit und es reichte ein einfacher Segen der Mutter, ein liebevolles Streicheln – für den Weg und für die Schule. Häufig bin ich in meinem Zimmer auf den großen Kleiderschrank geklettert, habe mich auf den Bauch gelegt und konnte direkt aus dem Fenster zur Hauptstraße sehen.

Manchmal saß mein kleiner Engel auf der Fensterbank, oder auch auf dem Schrank und direkt neben mir, lächelte mir zu. Wenn meine Mutter ins Zimmer kam, legte ich meinen Finger auf den Mund, machte psst. und sie nickte dann schon bedeutungsvoll mit dem Kopf, sagte nichts und verließ den Raum.

So bin ich in den 50er Jahren behütet, mit sehr viel Liebe und Verständnis aufgewachsen.

Mein Vater war in einer Parkettfabrik beschäftigt und es kam zweimal im Jahr ein riesiger LKW mit Anhänger und brachte zigtausende von Parkettabfällen zum Heizen, Personalholz sozusagen.

Der Lastwagen kippte „meine Bauklötze“ einfach hinter unserem Haus in einer Seitenstraße ab und dann wurden sie in Körbe gefüllt und mit einem Seilzug, alles per Hand in unseren Speicher befördert, welcher ebenerdig zu unserer Wohnung lag. Eine Heidenarbeit für die Erwachsenen. „Nicht nur spielen, auch schaffen“, höre ich heute noch meine älteren Geschwister rufen.

Da die Parkettstücke alle gleich groß und ebenmäßig waren, konnte man damit optimal Straßen, Brücken, Häuser, Türme und Scheunen bauen. Kein Kind hatte so viele Bausteine. Ich war reich.

Freilich, je länger der Winter dauerte, es kalt war und geheizt werden musste, schwand mein Reichtum Tag für Tag, wurde weniger und weniger.

In der großen Wohnküche spielte sich damals das ganze Familienleben ab, wir Kinder spielten, Geschichten und Märchen wurden erzählt, es wurde gekocht, Mutter und Oma nähten, strickten, stopften, der Spülstein war wirklich aus Stein, aus dem Wasserhahn kam eiskaltes Wasser. In zwei Hockern befand sich, klappte man den Sitz auf, eine Waschschüssel und ich konnte abends meine Katzenwäsche machen. Dank meiner Bauklötze war das Wasser, dem sogenannten Schiff am Herd entnommen, immer angenehm warm.

In der ganzen Wohnung durfte ich bauen, ohne irgendeine Einschränkung. Mutter zwinkerte nachmittags mit den Augen:“ Wenn Vater nach Hause kommt, müssen alle Bauklötze aufgeräumt sein.“

Sie nannte mich ihr Sonnenkind, auch dann, wenn mein Mundwerk munter und ohne Unterlass lief, meine Neugierde und meine vielen Fragen waren nie lästig.

Bei Familienfesten oder wenn Besuch kam, durfte ich zur Freude aller mit einem imaginären Mikrofon einen Radioreporter spielen und aus dem Stegreif eine Reportage sprechen.

Oft ging ich mit meiner Mutter zum Friedhof. Sie hatte schon 18jährig ihre Mutter Katharina verloren und ihr Vater Philipp, er war vor dem Krieg Seefahrer der christlichen Seefahrt und hat die ganze Welt kennengelernt, ist während eines Flugzeugangriffs in den letzten Kriegstagen im Mai 1945 auf der Treppe gestürzt und daran gestorben.

Beide Großeltern waren mir durch die Erzählungen und die Besuche an ihrem Grab sehr nahe und dem Opa seine restaurierte Seemannskiste mit Geheimfächern ziert seit vielen Jahre und bis heute mein Wohnzimmer.

Die Grab- und Denkmäler auf dem Friedhof begeisterten mich schon als Kind, aber ein großes hatte es mir besonders angetan, nämlich eines von ganz bestimmt, so mein Kinderdenken, sehr reichen Leuten.

Es hatte drei Flügel und außen große Säulen. In der Mitte überspannte ein mächtiger Querstein das Grabmal. Da waren drei Türen und die mittlere war angelehnt und an beiden Seiten standen schneeweise Engelfiguren.

Mein kleiner Engel lugte dazwischen hervor. Ich kannte ihn schon von zuhause, vom Schrank, der Fensterbank und vielen anderen Stellen.

Er lachte mich immer an.

Hinter seiner Schulter lugten die kleinen Flügel hervor. Komisch, dachte ich mir, er hatte keine Schuhe und keine Strümpfe. Ob Engel nicht frieren? Oder sind sie gar arm?

Mein Vater sagte mir, dass für die Engel beim schnellen Fliegen von hier nach da Schuhe und Strümpfe hinderlich sind. Dies leuchtete mir ein.

Er erklärte mir noch, dass es bei den Engeln kein Geld gäbe, sie daher auch nicht arm sein können. Dies habe ich erst später verstanden.

Kam ich in seine Nähe, winkte er mir zu, ich winkte zurück.

Nie hatte ich den Wunsch, näher ran zu gehen und als ich es meiner Mutter erzählte, sagte sie:" Es ist Dein Engel, jedes Kind auf der Erde hat einen Engel, einen Schutzengel".

Ich habe immer wieder andere Kinder darauf angesprochen, ob sie denn auch einen Engel kennen würden und erntete nur Kopfschütteln.

War ich wohl der einzige mit einem persönlichen, mir zuwinkernden Engel?

Später dachte ich, sie trauen sich halt nicht.

Mein Vater hat mich manchmal gefragt, ob heute wieder Engel unterwegs gewesen waren und ich habe ihm von dem kleinen Engel auf dem Friedhof erzählt.

„Den kenne ich, der heißt Fritz und wohnt schon lange da". So war seine lustige Art, mit mir und diesem Thema umzugehen und so kam mein Engel zu seinem Namen.

Ich denke, dass mein Engel, den ich als Kind so oft auf dem Friedhof, unserem Kleiderschrank und an vielen verschiedenen Orten traf, immer der gleiche war, obwohl er mir unterschiedlich bekleidet, begegnete. Mal eine geflickte Latzhose und kariertes

Hemd, mal ein bodenlanges, glitzerndes Hemd, oder einen Umhang, in unterschiedlichen und schönen Farben.

Schließlich hatte ich ja auch für die Schule eine andere Bekleidung, als nachmittags zum Spielen auf meinem riesigen, mehrere Quadratkilometer großen Spielplatz.

Die Begegnungen mit meinem Engel waren für mich nichts Außergewöhnliches, es war angenehm normal und in vielerlei Hinsicht schön, auch beruhigend.

Mein Spielplatz war, wie schon erwähnt riesig und ging weit über die Ortsgrenzen hinaus. Im Alter von 10 Jahren benötigte ich wieder einmal meinen Schutzengel. Ich spielte mit Freunden auf einer Wiese Fußball, als ein durchgegangenes Pferd, ein richtig großer und kräftiger Ackergaul im Galopp auf unseren Platz stürmte. Wir kletterten alle auf das Dach eines Holzschopfs und brachten uns in Sicherheit. Das Pferd schnaubte wild, kein Mensch war weit und breit zu sehen und unser wertvoller Ball lag noch auf dem Platz.

Ich wollte besonders mutig sein, kletterte vom Dach und schnappte mir den Ball. Als ich mich aufrichtete, um wieder das Dach zu erreichen, schlug das Pferd mit einem Hinterbein aus und traf meinen Bauch. Mir wurde schwarz vor den Augen und ich bin erst wieder im Krankenhaus aufgewacht, am Kopfende saß Fritz und lächelte mich an.

Weinend kam meine Mutter ins Krankenzimmer, der Arzt kopfschüttelnd hinterher:" Ihr Sohn hat nichts, keine inneren und keine äußeren Verletzungen, es ist unerklärlich, da müssen mehrere Schutzengel unterwegs gewesen sein", so seine vielsagenden und kryptischen Worte.

Meine Mutter hat mich gleich wieder mit nach Hause nehmen können und für mich war das schönste, dass drei Tage die Schule ausfiel und ich mit meinen Büchern und meinem Bär Leopold im Bett bleiben durfte.

Komisch, dass einem manche Sätze seiner Eltern aus der Kindheit immer parat sind.

Meinem Vater waren gegenseitiger Respekt, Achtung voreinander, Rückgrat zeigen, Selbstbewusstes Auftreten, eine gefasste Meinung auch konsequent vertreten sehr wichtig.

„Es ist für uns Eltern nicht einfach, selbstbewusste und mit eigenständigen Gedanken ausgestattete Kinder zu haben". Weiter:" Es ist schön, wenn die Kinder erwachsen sind und du kannst sehen, dass aus ihnen keine Duckmäuser geworden sind". Originalton Wilhelm August Robert Maass – Spitzname „Kaiser Wilhelm".

Danach, als ich größer und älter wurde war Fritz auf einmal nicht mehr da, blieb mir viele Jahre verborgen. Als Erwachsener habe ich ihn nie mehr gesehen, aber gespürt und angenehm wahrgenommen.

Erst viel später habe ich begriffen, wie wertvoll und wichtig dieser zwanglose und schöne Umgang mit den Engeln in meinem Elternhaus war, nie wollte mir einer etwas Ausreden, in Frage stellen und welch große Bedeutung dieser glückliche Umstand in meinem späteren Leben, auch lange nach dem Tod meiner Eltern bekommen sollte.

Freilich waren aber auch meine Begegnungen mit ihm im Gespräch nur mit meinen Eltern, meiner Oma und meiner Schwester Hannelore vorbehalten.

ANJA UND AMERIKA

Über das Hospiztelefon kommt vor geraumer Zeit ein Anruf über den sozialen Dienst unseres Krankenhauses. Es wird um Hilfe gebeten in einem Fall, welcher uns sehr berühren wird.

Die Patientin, ich werde sie hier Anja nennen, ist erst Ende 50 und verwitwet. Ihre einzige Tochter wohnt mit ihrer Familie in Übersee.

Gemeinsam mit der Sozialarbeiterin findet noch im Krankenhaus ein Gespräch mit uns, ich bin Koordinator einer ökomenischen ambulanten Hospizgruppe und seit über 20 Jahren ehrenamtlicher, ausgebildeter Sterbe- und Trauerbegleiter statt, um zu klären, was die Dame an Hilfe möchte und wie diese aussehen soll.

Es gibt in einer solchen Grenzsituation viel zu bedenken und zu beachten. Zu allererst gilt es natürlich die Wünsche der Patienten zu beachten, zu berücksichtigen und wie diese geräuschlos und unaufgeregt besprochen und umgesetzt werden können.

So wie wir Menschen jeweils sehr unterschiedlich sind, laufen auch diese Gespräche sehr unterschiedlich ab.

Da ihre Entlassung aus dem Krankenhaus anstand, verabredeten wir uns zuhause.

In unserem Fall wollte erst einmal Anjas Lebensgeschichte erzählt werden. „Haben Sie überhaupt so viel Zeit“? fragte sie angst- und hoffnungsvoll zugleich und ich antwortete ehrlich, dass ich immer Zeit hätte.

Ich hatte mir angewöhnt, verlangt ein sterbender Mensch, ein todtrauriger Mensch nach meiner Begleitung, meiner Nähe, rückt alles andere in den Hintergrund. Aus vielerlei Gründen nehme ich mir die Zeit, die heilsam und tröstend ist.

Sie erzählt mir, dass ihre ersten vier Lebensjahrzehnte sehr gut und glücklich abliefen.

Ich verwende in meiner Wiedergabe ganz bewusst Zitate und Redewendungen von Anja, um besser wieder zu geben, wie berührend es war, als Anja ein Kapitel aus ihrem Leben schildert, als nach einem Verkehrsunfall ganz plötzlich ihr ganzes Leben scheinbar stillstand.

Der Ehemann und Vater kam abends nicht mehr heim. Mit einem Schlag stand sie alleine da und es musste gerade in dieser Situation noch sehr viel geregelt und organisiert werden.

Die Tochter kam mit ihrer Familie, so schnell es ging, aus den USA und doch bedeuteten diese 2 Tage für Anja eine Ewigkeit.

Sie erzählte mir von der Beerdigung ihres Mannes, dem wohltuenden Mitgefühl vieler Menschen und Freunde, dem riesigen Berg an Arbeit, der danach durch das Geschäft und der erforderlichen Neuorientierung sich auftürmte.

Der Angst vor dem Tag, an dem die Tochter, der Schwiegersohn und die beiden Enkelmädchen wieder zurück in die Staaten fliegen würden. „Ich weiß es nicht mehr, wie ich es geschafft habe“, sagt sie und ich höre einen gewissen Stolz heraus und eine tiefe Dankbarkeit, ob der vielen Menschen, die ihr in dieser schweren Zeit zur Seite standen.

„ZEIT“ – immer wieder begegnet mir dieses Wort in der Begleitung von sehr kranken und sterbenden Menschen.

„Ich hätte mir mehr Zeit für meine Familie und meinen Mann nehmen sollen“ sagt mir Anja und ist dabei tieftraurig.

Als der große Berg an Arbeiten langsam kleiner wurde, fühlte sie sich oft müde und ausgelaugt, erklärte sich diese Erschöpfungszustände mit den Ereignissen um den tragischen Unfall und nahm es halt hin.

Jedes Jahr kam die Tochter mit den beiden Enkelmädchen zu Besuch und so drückt sie es aus, dies waren ihre Sternstunden.

Anja erzählt mir bei meinen Besuchen von den kleinen Ausflügen zum Plettenberg, Lochen, Schalksburg, gespaltenen Felsen, Hossinger Leiter und zum Hörnle, nahezu 1.000 Meter hohe Berge der Schwäbischen Alb, bei uns um die Ecke und mit atemberaubenden Aussichten. Von der weltberühmten Burg Hohenzollern, von ihren gemeinsamen Einkäufen in der Fußgängerzone, mit dem romantischen Bachlauf mitten durch unsere Stadt und vom Glück für die gesunden Kinder und Kindeskinder.

Wie froh und dankbar Anja für dieses gemeinsame Erleben ist, kann man am Leuchten ihrer Augen ablesen.

Sie liebte die Bücher und Filme von Rosamunde Pilcher und ich fand, irgendwie kleidete und frisierte sie sich auch so etwas verspielt und romantisch. Mir hat es gefallen und ich habe ihr auch gesagt, dass ich sie hübsch finde und diesen Vergleich dazu.

Anja drehte sich schnell um und verließ kurz den Raum, um, wie sie sagte, eine Tasse zu holen. Als sie meinen fröhlichen Blick sah, lachten wir gemeinsam von ganzem Herzen und wussten genau, warum.

Wenn sie mir beim Kaffee trinken auf dem Balkon von diesen Erlebnissen erzählte, als ihre Kinder selbst noch klein war und ihr Mann sich vom Geschäft loseiste, dann hatte ich das Gefühl, ich sei mit dabei, weil Anja gestikulierte und gerne auch während des Erzählens aufstand und hin und her lief, jedes noch so kleine Detail erwähnte.

Leider verging diese schönste Zeit (hier ist das Wort schon wieder) meist wie im Flug und der Abschied und die Aussicht auf das dann folgende Alleinsein raubte Anja viel Kraft.

Nur wenige Jahre nach dem plötzlichen Tod ihres Mannes ging Anja zum Arzt und bekam wenige Wochen später die, wie sie sagte, zweitschlechteste Nachricht ihres Lebens, sie hatte Krebs.

„Da wollte ich es wissen“ sagte sie und beschloss zu kämpfen. „Ich hatte ja nichts zu verlieren, konnte nur gewinnen“.

Über die dann folgenden Wochen will Anja nicht viele Worte machen, nur „Dir kann ich es ja sagen, ich habe mich mit dem Tod arrangiert und glaube an ein Wiedersehen“.

„Wie ist es denn mit Dir, Eduard“?

Jetzt dreht sie den Spieß um und hat ganz viele Fragen zu der Hospizarbeit und zu den beteiligten Menschen.

Ich komme fast nicht hinterher und bemühe mich redlich, die vielen Fragen zu behalten und auch aufrichtig zu beantworten:

Wie kommst du denn zur Hospizarbeit, was hat dich bewogen, was hat den Anstoß gegeben?

Wie werdet ihr denn ausgebildet, wo findet die Ausbildung statt, wer bildet euch aus?

Wer hat denn die Hospizgruppe gegründet und aus welchen Motiven?

Wo tragt ihr eure Sorgen und Probleme hin und wer kümmert sich um Euch?

Was macht ihr denn konkret bei den Sterbenden?

Nach der letzten Frage und meiner Antwort:“ Wir hören zu“ ist lange Zeit Stille und Ruhe im Raum. „Weint und lacht ihr auch?“

„Ja“ sage ich „wir weinen und lachen auch“.

Die Gespräche mit Anja waren für mich persönlich mit die bedeutsamsten und nachhaltigsten, welche ich je in meinem Leben geführt habe und die mich bis heute führen und leiten.

Eine Woche später treffen wir uns wieder, um konkret zu besprechen, wie die Hilfe für Anja aussehen soll und wie wir als Hospizgruppe am besten helfen können.

Häufig ist es so, dass die Hospizdienste neben der Begleitung der Kranken und Sterbenden, auch die Sorgen um die Angehörigen und der Familie miteinschließt.

Oft höre ich die Frage und die Sorge der Sterbenden, wie wohl die Bleibenden zurechtkommen werden. So war es auch bei Anja.

Zwischenzeitlich hatte ich telefonischen Kontakt zur Tochter in den USA und diese beschloss nach Gesprächen mit mir, der Sozialarbeiterin und der Familie mit ihren beiden Mädchen für 4 Wochen zur Mama und Oma zu kommen, um noch Zeit (hier ist es wieder) miteinander verbringen zu können.

Anja war glückselig und ihre freudige und herzliche Reaktion darauf berührte mich sehr. Sie war sehr krank und wusste, sie würde bald sterben und verständlicherweise war diese Nachricht ein Freudenauslöser ungeahnter Größe.

In den folgenden vier Wochen haben wir als Gruppe die Begleitung von Anja, wann immer es gewünscht war, geleistet, viel zugehört, gesungen, gebetet, geredet, gelacht und manchmal auch geweint.

Ein ganz wichtiges Anliegen für Anja, war die Klärung der Frauen, wie es denn nach der Rückreise ihrer Tochter in die USA weitergeht. Mit dem gleichen Anliegen bat mich ihre Tochter um ein vertrauliches Gespräch.

Ich habe ein gemeinsames Gespräch vorgeschlagen und erzählte Mutter und Tochter von den beiden stationären Hospizhäusern in der Nähe, welche mit unserer Gruppe seit vielen Jahren in Freundschaft und Herzlichkeit verbunden sind.

Das Gespräch war von hoher Offenheit getragen und in diesem Stadium gibt es auch keine Geheimnisse, kaum ein Tabu mehr.

Anja wollte gerne das Angebot annehmen und nach der Rückkehr ihrer Tochter in die USA in das stationäre Hospiz ziehen. Ich hatte den Eindruck, dass Mutter und Tochter darüber sehr froh und beruhigt waren.

In der Woche darauf flog die kleine Familie sehr traurig von Stuttgart aus in die Vereinigten Staaten. Ich hatte alle notwendigen Kontaktdaten von der Tochter erhalten und die Gewissheit, die Sicherheit, zu jeder Zeit anrufen zu dürfen.

Die beiden Enkelmädchen haben mir extra aufgetragen, mich gebeten, dass ich sehr gut auf ihre Oma aufpassen möge und dies habe ich mit meinem Ehrenwort versprochen.

Der Anruf vom Hospiz kam an einem Mittwochabend. Man sagte mir, dass jetzt ein Platz frei sei und Anja am nächsten Tag einziehen könne.

Ihre Tochter mit Familie konnte, Internet sei Dank, virtuell das Hospiz ansehen und sich darüber informieren. Außerdem hatte ich ihnen alle verfügbaren Unterlagen und Schriftstücke über Stationäre Hospize zusammengestellt und mitgegeben.

Anja wünschte sich, dass ich als Begleitperson mitfahre und pünktlich standen die beiden Fahrer mit ihrem Rettungswagen vor der Tür. Es war still im Wagen, man konnte die Traurigkeit spüren und mit den Händen greifen.

Auf der Bundesstraße, in Höhe der Burg Hohenzollern sagte Anja plötzlich: "Ach, jetzt wäre es schön, wenn wir noch einen kleinen Ausflug machen könnten, wie früher mit meinem Mann".

Blickkontakt zwischen den beiden Fahrern und der Begleitperson und ein vielsagendes Achselzucken, einander Zulächeln, warum auch nicht?

Engel – Sanitäter!

Die Sanitäter fuhren kreuz und quer durch die beiden Landkreise, entlockten Anja „Oh wie ist das schön und da waren wir früher, da haben wir gegessen, da oben ist eine Bank mit wunderbarer Aussicht, so viele und schöne Erinnerungen, danke, dass ihr dies alles für mich tut".

Wir haben alle vier eine Weile auf dieser Bank gesessen, den schönen Ausblick genossen, gelacht und kamen schließlich nach über drei Stunden ins Hospiz. Ich könnte seitenlang von dieser ergreifenden und schönen Fahrt erzählen.

Ihr Zimmer war bereits gerichtet und der Abschied fiel schwer. Das Dankeschön für die beiden Engel – Sanitäter, so wurden sie von Anja genannt, fiel groß aus, sie umarmte beide sehr herzlich und alle wussten, es war ein Abschied für immer.

Anja sagte noch einen Satz, der alle Beteiligten noch lange beschäftigte: "Wenn wir heute hätten hierher fliegen können, naja bald kann ich es"!

Die beiden „Engel-Sanitäter" treffe ich hier und da und wir lächeln und winken uns zu, sprechen aber nie über diesen Tag, weil er wohl bei uns allen drei im Herzen den gleichen Stellenwert besitzt.

Unsere Hospizgruppe, die befreundete ambulante Gruppe vor Ort und das liebevolle Personal vom stationären Hospiz kümmerten sich gemeinsam noch knapp zwei Wochen um Anja.

Sie schlief friedlich abends ein.

Übrigens, ist man im stationären Hospiz auch kein Patient, sondern Gast. Ein Hospiz war im Mittelalter eine Pilgerherberge und wurde in unserer Zeit, den sechziger Jahren durch Dame Cicely Saunders in London als die heutige Hospizarbeit begründet.

In den letzten 25 Jahren fand eine unglaubliche und positive Entwicklung in Deutschland statt. Da ich diese positive Entwicklung hautnah und persönlich erleben durfte, möchte ich den vielen Gestaltern, den selbstlos engagierten Verantwortlichen aus der Politik, der Pflege, den sozialen Verbänden, den vielen Helfenden und natürlich den lieben Hospizlern ausdrücklich ein dickes und fettes Danke im Namen aller Betroffenen hier zurufen!

Aus der Bundesarbeitsgemeinschaft Hospiz wurde der Deutsche Hospiz- und Palliativverband, jedes Bundesland angeschlossen hat einen Landesverband und heute sind über 100.000 Ehrenamtliche in über 1.500 ambulanten Diensten und den 236 stationären Hospizen tätig. Sozialverbände, Ministerien und Krankenkassen haben sich zu einem Servicepoint zusammengefunden und dieser teilt für die Aus- und Weiterbildung von Ehrenamtlichen und der Erfüllung von Qualifikationen auf Nachweis Fördergelder zu. Die spezialisierte, ambulante Palliativ Versorgung, kurz SAPV wurde gegründet und hat heute bundesweit über 300 Gruppen. Viele Ärzte machen eine Zusatzausbildung zum Schmerztherapeuten und sind hilfreich tätig.

Die Zusammenarbeit der einzelnen Kräfte zum Wohle der Patienten und Gäste ist gut und wird ständig verbessert.

Ich könnte noch eine lange und positive Liste hinzufügen und doch gibt es noch viel zu tun.

Mit der Familie fanden in dieser Zeit wunderbare Gespräche statt und alle waren auch wieder zur Trauerfeier angereist.

Eines der Enkelmädchen erzählte mir nach der Trauerfeier, beim Kaffee trinken von einem Telefonat mit der Oma. Es ging um die große Entfernung zwischen Deutschland und den USA.

Die Enkeltochter war traurig darüber, dass das Grab ihrer Oma hier in Deutschland für sie nur schwer erreichbar sei und bekam von ihr zur Antwort: „Keine Sorge, passt genau auf und achtet auf die kleinste Berührung, ich bin dann bei Euch“.

Auch habe sie in den Vereinigten Staaten ein Buch über Engel gelesen. In dem stand, dass Engel überall auf der Erde sind.

Ich weiß von meiner Schwester, so antwortete ich ihr, dass ein Engel von Deutschland aus nur ein paar Sekunden bis nach Texas braucht, wegen nicht vorhandener Nationalität keinen Pass und keine Einreisegenehmigung, nicht mal eine Green-Card benötigt.

Den Mädchen habe ich jeweils eine große Kristallkugel geschenkt, mit der Bitte diese für ihre Oma ans Fenster zu hängen. So hat es der Engel auch etwas leichter mit dem Finden.

Immerhin ist Amerika ein großes Land und Texas sowieso.

Die Familie hat in den USA einen Baum auf ihrem Grundstück für die Mama und Oma gepflanzt und die beiden Kristallkugeln hängen daran und glitzern weithin sichtbar in der Sonne.

Drei Jahre nach Anjas Tod haben wir, gemeinsam mit den beteiligten Hospizgruppen, unserer Tageszeitung und dem stationären Hospiz eine Gedächtnisfahrt mit Fahrrädern organisiert.

Der Leiter und Mitbegründer unserer Gruppe, ein Theologe und 15 weitere honorige Damen und Herren aus unserer Stadt, alle mit dem gleichen, dreifarbigen Trikot gekleidet, dem Schriftzug des Buchtitels auf dem Rücken, fuhren mit dem Fahrrad, einem Mountain-Bike die Strecke, vielbeachtet und öffentlichkeitswirksam nach.

Die Kerngruppe beteiligte sich auch an einem Mountain Bike Marathon und sammelte mit Hilfe unserer Tageszeitung Geld für einen Grabstein mit Marienkäfer für den mit 5 Jahren verstorbenen Leon. „Marienkäfer als Hoffnungszeichen"

Vier Jahre später haben diese Radfahrer beim gleichen Event so viel Geld zusammen geradelt, dass die Krebsberatungsstelle statt 2 wöchentlich, jede Woche ihren Beratungstag bei uns durchführen kann.

Der Konvoi wurde von einem Begleitfahrzeug angeführt, die Besatzungen von mit den in gleichen Shirts gekleideten Motorrollerfahrern sicherten schwierige Straßen und Überquerungen. Einige Kilometer vor unserem Ziel, dem stationären Hospiz, kam uns ein Tross von ebenfalls gleich gekleideten Radfahrern entgegen, sozusagen das Gegenstück, um uns abzuholen.

Wir hatten alles so organisiert, dass wir an stark frequentierten Abschnitten vorbeikamen, sogar auf einem Stadtfest extra begrüßt und mit unserer Mission vom Bürgermeister vorgestellt wurden.

Vor dem Eingang des Altenheimes, das Penthouse beherbergt das stationäre Hospiz, hatten sich viele Menschen eingefunden, Bewohner, Mitarbeiter, Ehrenamtliche, Bürgermeister, der Landrat, Bankdirektoren, Abgeordnete, viele Mitbürger um unseren Tross freundlich zu begrüßen.

Bewegende Szenen, Applaus und viel Lachen beim Entrollen des riesigen Banners, auf welchem diese Mission zu lesen war.

Freundliche Förderer finanzierten diesen Tag und ein Buch mit der Geschichte von Anja in einer paarhundertfachen Auflage. Die Künstlerin unserer Kalenderbilder lieferte wunderschöne Landschaftsfotos von der Strecke.

Mit diesem und ähnlichen Projekten versuchen wir unser Thema der Sterbebegleitung und der Trauerarbeit wirksam an die Öffentlichkeit zu bringen und auch hierüber wurde vielfach berichtet.

Das Begleitbuch mit dem Titel „BALINGEN – REUTLINGEN – ENINGEN – EINFACH“ fand einen guten Absatz und wurde in mehreren Zeitungsberichten beschrieben.

Den Buchtitel haben wir in Anlehnung an einen Fahrkartenkauf für eine einfache Fahrt, also ohne Rückfahrschein bei der Bahn gewählt.

Dieser Tage habe ich den fünften Brief von den beiden Mädchen, nun sind es schon sehr hübsche junge Damen, bekommen.

Sie schreiben, dass ihre Oma öfter mal vorbeikommt und dies in einer entwaffnenden Offenheit und Liebe – da kann null Zweifel aufkommen, warum auch.

Für mich ist es wunderbar zu erfahren, wie entspannt und liebevoll die Mädchen mit Berührungen aus der lichtvollen, geistigen Welt ihrer Oma umgehen.

Übrigens, in ihrer Kirchengemeinde, so erzählen die Mädchen ist die Geschichte der Oma auch präsent. Während eines Dankgottesdienstes haben die beiden Enkelinnen aus dem Buch, welches ja extra zum Andenken an ihre Oma gemacht wurde, vorgelesen und erzählt.

Eine die Originalversion in Deutsch, die andere die englische Übersetzung. Selbst übersetzt, wie sie stolz und zu Recht vermerkten.

Gleichzeitig wurden die schönen Bilder aus dem Buch mit einem Beamer groß auf einer Wand in ihrer Kirche gezeigt.

Die Besucher, es gab an diesem Sonntag keinen Platz mehr in der Kirche, haben vor Freude und Rührung geklatscht und manche Träne geweint.

Viele kommen sogar bei ihnen zuhause vorbei, um nach dem Baum mit den Kristallkugeln zu sehen, sich auch genauer nach der Oma und dem Engel zu erkundigen.

So ist Sterben, Tod und Trauer weltumspannend, wie Glaube, Liebe und Hoffnung.

NEIN, DANKE!

Ein gläubiger Mensch rettet sich während einer riesigen Überschwemmung auf das Dach seines Hauses.

Die Fluten steigen und steigen. Eine Rettungsmannschaft kommt in einem Boot vorbei und bietet ihm an, ihn mitzunehmen.

„Nein, danke“, sagt er, „Gott wird mich retten“.

Die Nacht bricht an und das Wasser steigt weiter. Der Mann klettert auf den Schornstein. Wieder kommt ein Boot vorbei und die Helfer rufen, er solle einsteigen.

„Nein danke“, erwidert der Mann nur. „Gott wird mich retten“.

Schließlich kommt ein Hubschrauber. Die Besatzung sieht ihn im Scheinwerferlicht auf dem Schornstein sitzen, das Wasser bis zum Kinn.

„Nehmen sie die Strickleiter“, ruft einer der Männer.

„Nein danke“, antwortet der Mann, „Gott wird mich retten“.

Das Wasser steigt weiter und der Mann ertrinkt. Als er in den Himmel kommt, beschwert er sich bei Gott: „Mein Leben lang habe ich treu an dich geglaubt. Warum hast du mich nicht gerettet?“

Gott sieht ihn erstaunt an: „Ich habe dir zwei Boote und einen Hubschrauber geschickt. Worauf hast du gewartet“?

Unbekannter Verfasser

GELIEBTE OMA

War ich als Schulkind in den Ferien bei meinen Großeltern, hat mir abends meine Oma schöne Geschichten aus Pommern, ihrer Heimat erzählt, von den blauen Wäldern und dem weißen Dünensand.

Dabei hielt sie immer ihren sehr alten, kleinen Engel in der Hand. „Den hat mir mein Vater eigenhändig geschnitzt“ erzählte sie mit feuchten Augen.

Ihr jüngster Sohn Ernst, mein Onkel wurde am 07. Mai 1945, also einen Tag vor Kriegsende als vermisst gemeldet.

Später hat sie mir immer erzählt, dass Ernst jetzt ein lieber Engel sein wird, der anderen hilft. Oder, wenn es an der Haustüre klingelte:“ Ich kann mich auch einmal irren und der Ernst klingelt gerade und kommt endlich nach Hause.“

Auch bei meinen Großeltern hatte ich ein hohes und großes Bett. Oma brachte jeden Abend ihren kleinen, alten, ganz abgegriffenen Holzengel mit ans Bett und sie betete für mich, für den Ernst, für die ganze Familie und trotz alledem, wie sie sagte, auch für die Russen.

Dort warteten bestimmt auch Mütter auf ihre vermissten Söhne, so wie sie.

Oft, sehr oft, bat ich meine Oma, mir die Geschichte zu erzählen. Sie lachte: „Du meinst, die Geschichte meiner Flucht aus der Heimat, aus Pommern?“.

In 1945 ging mein Vater, er war verwundet und Gott sei es gedankt, nicht schwer, nach Pommern, um seine Eltern zu uns in den Westen zu holen.

Mit einem Leiterwagen, davor ein Pferd, dahinter ein Pony angebunden, ging es mit dem notwendigsten wenigen auf die Flucht.

Das Pony war am 20. April 1943 geboren worden und hieß Adolf.

Der damalige Kreisleiter der NSDAP war total begeistert, ob solch treuen Parteigänger.

Mein Opa sprach später immer von einer klugen und taktischen Meisterleistung. Ich habe ihm geglaubt, er war ja schließlich mein Großvater.

Nun, auf der Flucht war aber der Name des kleinen Pferdes eher ein Hindernis. Man geriet wegen solcher Dinge schon mal in die Bredouille, in Schwierigkeiten und meine Großeltern tauften ihn deshalb kurzerhand auf Wilhelm um.

Auch klug, da Opa Wilhelm hieß, mein Vater auch, aber Willi genannt wurde. So war die Gefahr des Versprechens relativ gering.

Traditionsgemäß erhielt ich bei meiner Geburt in 1950 Wilhelm als 3. Vornamen, Artur als 2. Vornamen, den Namen meines Paten und schließlich als Rufnamen Eduard.

Fast in Sicherheit, geriet meine Oma hinter eine russische Einheit und in erhebliche Gefahr. Schnell reagierte sie, beschmierte sich in einer Furche voller Regen- und Eiswasser von oben bis unten mit Schlamm und Dreck, auch Gesicht und Haare.

Dann fing sie an, laut und auf Plattdeutsch zu ihrem Schutzengel zu beten, wackelte mit ihrem Kopf hin und her. Die russischen Soldaten schrien oftmals in ihrer Sprache: „Stehenbleiben, oder du wirst erschossen“.

Meine Oma erzählte mir dann, dass ihr Engel ihr bedeutete, sie solle laufen, ganz laut beten und immer stärker ihren Kopf schütteln, die Soldaten würden denken, die spinnt und lassen Dich in Ruhe.

So kam es und meine Oma stieß nach wenigen Kilometern wieder zu ihren Wilhelms und dem übrigen Tross.

Während dieses Buch entsteht, lese ich jeden Morgen in meiner Zeitung von dem momentanen Flüchtlingselend bei uns in Europa, sehe in allen Medien die manchmal unsäglichen Bilder und Kommentare.

Da erinnere ich mich an meine Großeltern und die vielen Millionen Flüchtlinge aus dem Osten, Opfer dieses furchtbaren Krieges und der NS-Gewaltherrschaft.

Ich erlebte in meiner Kindheit viele Flüchtlinge und spürte, sie waren nicht immer herzlich willkommen.

In der Fastnachtszeit waren wir als Cowboy und Indianer unterwegs, die Eingeborenen Kinder kämpften gegen die Flüchtlingskinder. Ich erzählte meinem Vater davon und er nahm mich auf seinen Schoß und erklärte mir, dass er in Pommern geboren sei, seine Eltern, also meine Oma und mein Opa von dort flüchten mussten, weil der unselige Krieg jahrelang wütete. Vieles habe ich damals noch nicht verstanden, aber fortan kämpfte ich nicht mehr gegen Flüchtlingskinder.

So bin ich ja, bei Lichte betrachtet auch ein Teil einer Flüchtlingsfamilie mit all seinen Konsequenzen.

Ich denke, es wäre interessant, wenn ein jeder seine Vergangenheit in dieser Hinsicht mal überprüfen würde.

Waren nicht die hochschwangere Maria und ihr Mann Josef auch auf der Flucht?

Einreihen möchte ich mich auch hier in die große Schar der hilfsbereiten Mitbürger, Kirchenleute und Politiker, welche Vorbehalt- und bedingungslos helfen.

Jahrzehnte später hat mich ein Arzt mit türkischen Wurzeln erfolgreich und mit schöner Narbe, ich hatte ihn darum gebeten, am Herz operiert, mir mehrere Bypässe, mit Venen aus meinem Bein gelegt.

Was für ein begnadeter Chirurg und Künstler.

Meine Mutter und einer meiner Brüder sind leider schon früh an diesen, wohl ererbten Problemen gestorben und ich finde es grandios, dass in unserem Land eine solche Kunst möglich ist und mir dadurch viele zusätzliche und schöne Jahre geschenkt wurden. Da habe ich ganz schön Glück gehabt.

Mein ganzes Leben und das ist eine, inzwischen recht lange Strecke, habe ich nie Hunger gehabt, musste nie frieren, keinen Krieg erleben, immer eine Wohnung gehabt und, und, und… welch ein Segen!

So begründe ich auch seit Jahren den Wunsch an meine Kinder, mir zu Weihnachten und zu meinem Geburtstag nichts Materielles mehr zu schenken, am liebsten natürlich ein paar liebe Worte oder auch einen Brief mit den Worten: “Du bist der beste Papa der Welt“ oder so ähnlich schmeichelhaftes, weil es sehr angenehm ist und guttut.

Im vergangenem Jahr hat mich meine Tochter und ihre Familie aus dem Urlaub in Österreich angerufen und zu meinem Geburtstag gratuliert. Sie hatten noch ein besonderes, ein unglaublich schönes Geschenk für mich: „Lieber Papa, Du wirst wieder Opa“.

Ein Segen. Hier gibt es für meine Dankbarkeit keine Steigerung mehr!

Meiner Oma hätte auch die Rede unseres ehemaligen Bundespräsidenten Richard von Weizsäcker vom 8. Mai 1985 zum 40. Jahrestag der Beendigung des Krieges in Europa und dem Ende der nationalsozialistischen Gewaltherrschaft sehr gut gefallen und ich möchte einen Auszug daraus hier zitieren:

Die Bitte an die jungen Menschen lautet:

Lassen Sie sich nicht hineintreiben in Feindschaft und Hass gegen andere Menschen, gegen Russen oder Amerikaner, gegen Juden oder Türken, gegen Alternative oder gegen Konservative, gegen Schwarz oder gegen Weiß. Lernen Sie miteinander zu leben, nicht gegeneinander“.

Wachte ich morgens auf, hing immer und ich betone immer und an jedem Tag, an einem Wollfaden ein Schokoladenstückchen über meinem Kopf, meine Oma sang mir ein fröhliches Morgenlied auf Platt und streichelte über meine tiefschwarzen Haare und der kleinen Silbergrauen Strähne an der Stirn, eine Laune der Schöpfung und nicht, wie viele glaubten, vom Friseur gemacht.

„Du bist mein besonderer Engel und heute hast Du schon wieder Geburtstag“.

Wann immer ich bei meiner Oma war, ich hatte jeden Tag Geburtstag.

„Wenn ich später einmal nicht mehr da bin, kann ich Dich leichter an Deinen Haaren erkennen.“ Heute habe ich den Kopf voller grauer Haare und ich überlege mir, ob sie mich trotzdem erkennt.

Bin ich bei meinen täglichen Gesprächen mit der lichtvollen, geistigen Welt allein in einer Kirche, gar auf einem Bänkle in Gottes freier Natur, rufe ich gerne meiner Oma zu: „Hier bin ich! Ich bin älter geworden und habe jetzt graue Haare."

Sie hört es.

Als Teenager besuchte ich jeden Sonntag meine Großeltern. Mein Opa, ein etwas grimmig dreinblickender Pommer, ewig hatte er seine Zigarre am Dampfen.

Ich erzählte ihm von meiner Woche in der Schule, oder später von meiner Lehre in der großen Stadt, dass ich „fleißig lernte" und „gerne zur Schule ging". (Augen zwinkern)

Dann zückte er seine uralte Geldbörse und gab mir ein 1 DM Stück, mit den Worten: "Dann hast du deine Pension verdient".

Meine Oma erwartete mich schon in der Küche und blinzelte mir zu:" Hast Du Deine Pension bekommen?". Sie war eine sehr diplomatische, gescheite Ehefrau und liebevoll durch und durch. Meistens bekam ich von ihr nochmals ein 1 DM Stück, zählte mein ganzes Taschengeld zusammen und konnte dann ein hübsches Mädchen in unser Kino einladen.

Die sicheren Plätze 7 und 8, dahinter kam gleich die Wand.

Manchmal kam ich mit ein paar Freunden zu Besuch und Oma machte uns 60 bis 70, in Worten, sechzig bis siebzig Kartoffelpuffer, auch Reibekuchen genannt. Sie hatte eine Riesenfreude, wenn es allen schmeckte und keiner mehr übrig war. Sie gab, von ganzem Herzen gerne.

Sie hat ihren Ehemann, also meinen Opa über 50 Jahre das Gefühl gegeben, er sei der Chef des Ganzen, hat ihn nie spüren lassen, dass sie alles im Griff hatte.

Mein Wachstum war ihr sehr wichtig, musste ich doch immer aufrecht neben ihr stehen, damit sie mir sagen konnte:“ Jetzt bist du bald größer“.

Sie wollte mich aufbauen, mir Selbstbewusstsein geben. Oma war 155 cm, meine Mutter 160 cm.

Opa gab als alter Preuße und Soldat seine Größe immer exakt mit 178,5 cm an, mein Vater, nicht minder ein Pommer gab ebenfalls kurz und knapp Auskunft 177,5 cm.

Oft habe ich mir schon überlegt, wie meine Oma bei ihrer Körpergröße jeden Morgen mein Schokoladenstückchen an die Decke, an den Wollfaden hing. Ich habe vergessen, zu fragen, also wird es die Antwort erst bei unserem Wiedersehen geben.

Ich kam eindeutig nach meiner Oma und meiner Mutter, kurz und kompakt – auch eine Erbschaftsangelegenheit – so ist es!

Jeden Tag ist meine Oma durch den ganzen Ort gelaufen, hat unterwegs ein Viertel Pfund Butter gekauft und es meiner Mutter, also ihrer Schwiegertochter gegeben: „Ist sehr wichtig für Deine Gesundheit, und Du brauchst Kraft“.

Wir waren fünf Kinder, aber ich hatte nie das Gefühl, arm zu sein. Im Gegenteil, wir hatten alles, was wir brauchten, es gab die Sonntagskleidung, die Schulkleidung und die Spielkleidung.

Im Frühjahr gingen wir zur Frau Kurz, Sommerschuhe einkaufen, im Herbst der gleiche Gang für die Winterschuhe.

Ich erinnere mich, dass das Heft mit den neuesten Abenteuern von Lurchi und seinen Freunden mir wichtiger waren, als die neuen Schuhe.

Meine Oma starb, als ich 17 Jahre war. Einfach so. Sie legte sich zum Mittagsschläfchen hin und wachte nicht mehr auf.

Ich hatte mit meinem Führerschein begonnen und wir wollten doch noch gemeinsame Autofahrten unternehmen und hatten Pläne geschmiedet.

Einmal fuhren wir gemeinsam mit dem Zug in die große Stadt. Sie wollte unbedingt sehen und gemeinsam mit mir erleben, was ich erzählt hatte.

Gegenüber meiner Lehrstelle gab es ein hohes Bürogebäude einer Versicherung und da meine Mittagspause 2 Stunden lang war, erkundete ich als Landei alle Besonderheiten.

In meinem Fall waren es besonders viele und in diesem Hochhaus gab es zwei Fahrstühle.

So etwas hatte ich vorher noch nie gesehen und bin deshalb, nach dem Mittagessen in der betriebseigenen Kantine in meiner restlichen Pause mit hoher Begeisterung mit den Fahrstühlen auf und abgefahren.

Dies habe ich meiner Oma erzählt und sie wollte es unbedingt mit mir zusammen erleben, kannte es auch nicht.

So bin ich 1965 mit meiner Oma eine Stunde lang Fahrstuhl gefahren, wir haben herzlich miteinander gelacht und ich war so stolz, eine Oma zu haben, die solchen Unfug mitmachte.

Ich war auch oft an einer Schleuse am Neckar und sah fasziniert zu, wie sich diese großen Lastschiffe mehrere Meter nach oben und umgekehrt heben und senken ließen. Dies und viele andere Ereignisse haben mich als Kind vom Land schwer beeindruckt.

Habe ich später meinen Kindern erzählt, dass ich als Junge mit meinen Kameraden auf einer Bundesstraße Fußball gespielt habe, dieses durch einen Ruf „Auto kommt“ unterbrochen wurde, bis der Käfer oder der Blitz vorbei war und weitergespielt wurde, haben sie mich immer mit großen, fast ungläubigen Augen angesehen.

Unser Traum war es, Oma und Enkel miteinander nach Pommern, in ihre alte Heimat zu fahren und keiner sollte es wissen. „Am Ende finden wir noch Ernst“, so ihre Worte.

In den Zeiten des kalten Krieges ein unerfüllbarerer Traum.

Ich wollte es nicht begreifen, die Welt schien unterzugehen. Nun war sie weg und ich wäre gerne noch ganz lange ihr Enkel geblieben. Sie hat mir so viel Liebe gegeben, so viel geschenkt und ich danke ihr von Herzen dafür.

Den alten Holzengel von ihrem Vater hielt sie in ihren Händen.

Auf Wiedersehen, Oma und Danke für alles!

ENGEL IM CHRISTENTUM

In altkirchlichen Schriften wird schon berichtet, dass die Engel den Auftrag haben, die Menschen zu lieben und zum Guten zu ermahnen, sie an Leib und Seele zu beschützen, ihnen wohlgesonnen zu sein und sie zu lieben.

Da diese Engel von Gott besonders zum Schutz von uns Menschen bestimmt wurden, werden sie seit jeher Schutzengel genannt.

Es ist seit Jahrhunderten überliefert, dass es geistige, körperlose Wesen gibt, die von der Bibel Engel genannt werden, dort auch hundertfach von ihnen erzählt wird.

Da steht auch, dass die Engel Gottes Boten sind. Sie erledigen Gottes Aufträge und sind meist unsichtbar. In der Heiligen Schrift gibt es weit über dreihundert (300!) Stellen, in denen über sie und ihr Wirken berichtet wird und die Geschichten in meinem Buch sind allesamt aus dem heutigen Leben.

Pater Anselm Grün, Autor vieler Engelbücher schreibt:“ Von der kirchlichen Lehre her sind die Engel mehr als nur ein Bild für die heilende und liebende Nähe Gottes. Engel sind Mächte. Sie haben eine Kraft in sich. Und sie haben eine Aufgabe für den Menschen. Und wenn wir die kirchliche Lehre ernst nehmen, so dürfen wir mit gutem Recht von den Engeln sprechen, in denen uns Gott seine Nähe zeigt und durch die er selbst an uns wirkt.“

Zu allen Zeiten glaubten wir Menschen an überirdische Wesen, die in unseren Träumen erschienen, berührten und uns sogar begegneten.

Meine Mutter, mein Vater, meine Schwester und meine Oma, die wichtigsten Menschen zu Beginn und Zeit meines Lebens haben mir gesagt, dass es einen Schutzengel, extra nur für mich gibt und für alle anderen Kinder, ja für jeden Menschen.

Wie immer und in allen Lebenslagen haben sie mir die Wahrheit gesagt und wie ich in meinem Buch ja beschreibe und erzähle, habe ich meinen Schutzengel FRITZ mehrfach und nicht nur in Notzeiten, gesehen und später gespürt.

Deshalb gefällt mir besonders gut das Ergebnis des Meinungsforschungsinstitutes Forsa, welches vor wenigen Jahren ergab, dass über 66 % aller Deutschen an Schutzengel glauben.

Speziell mein Vater in der lichtvollen, geistigen Welt wird sich freuen, wenn ich ihm folgende Rechnung präsentiere:

82 Millionen Einwohner in Deutschland.

1% sind dann 820 000 Einwohner

66 % sind dann etwas mehr als 54 Millionen. Genau 54 120 000 Einwohner, welche laut Forsa an Schutzengel glauben.

Mit ein wenig Mühe und Zeit, mein lieber Vater hätte ich diese Rechnung, dank deiner Übungen auch im Kopf rechnen können, aber wie nanntest du mich oft:

“ Diplomökonom.“

PLÖTZLICH KÜNSTLER

Mein Smartphone brummt und zeigt mir an, eine SMS ist eingetroffen.

Eine unbekannte Nummer und der freundlichen Bitte um Rückruf, wenn es geht, zwischen 22.00 Uhr und 00.00 Uhr.

Als ich pünktlich anrufe, mein Gegenüber abnimmt ist mir auch gleich klar, der Mann arbeitet lange und kommt erst spät nach Hause. Ein Chef von weit über 1.000 Menschen und im letzten Drittel seines Schaffens angekommen.

Manchmal habe ich auch schon in der Zeitung über ihn gelesen, fällt mir ein. Sehr freundlich und höflich, mit einer sonoren Stimme, die auch bei mir Eindruck hinterlässt, ausgestattet.

„Ihr Brief, lieber Eduard Maass, hat mich beeindruckt“. „Ihre Aufgabe, die vielfältigen Projekte der Hospizarbeit, alle nachgelesen auf ihrer Internetseite, Respekt“, so seine wohltuenden Worte.

„Machen wir es so, dass ich ihnen meine, für mich bis heute nicht erklärbare Geschichte erzähle und sie mir anschließend ihre ehrliche und aufrichtige Meinung dazu sagen“?

Weiter: „Und wenn sie diese Begebenheit für würdig halten, können sie sie vertraulich in ihr neues Buch aufnehmen“.

Ich möchte hier bekennen, dass ich mich sehr geschmeichelt fühle und bin natürlich mit allem einverstanden.

Auf seinen Vorschlag hin wollen wir uns auf einem einsam gelegenen Weingut treffen und reden.

Er erzählt:

Mein Vater hat den Kleinbetrieb vom Opa nach dem schlimmen Krieg übernommen und mit unheimlich viel Fleiß und Energie immer größer werden lassen. Gerade mal Mitte Fünfzig Jahre alt, starb er an Krebs und so musste ich, zusammen mit meiner Mutter schon in ganz jungen Jahren eine hohe Verantwortung übernehmen.

Das große Glück wurde mir mit meiner Frau zuteil, eine gescheite, elegante und schöne Dame, drei Kinder hat sie mir geschenkt und ist immer loyal an meiner Seite gestanden, hat mich unterstützt und den Rücken freigehalten.

Geschäfte in Deutschland, Europa, Nordamerika und dem Asiatischen Raum, Urlaube in der Karibik und von heute auf morgen, Arzttermin, Untersuchung, Laborwerte, Diagnose = auch Krebs, den gleichen, an dem mein Vater so früh gestorben war.

Ein plötzlicher Schlag ins Gesicht, ohne Vorankündigung, von heute auf morgen, von jetzt auf nachher, gefolgt von apokalyptischen Gedanken und Visionen.

Die Ärzte in der Klinik sagten, es ist viel Zeit vergangen, wir können heute wesentlich optimistischer sein, als seinerzeit bei ihrem Vater. Zugegeben, es hat mich schon ein wenig aufgebaut, aber eine nie gekannte Angst machte sich in meiner Brust breit.

Als der Familientross – meine Mutter, meine Frau und meine Kinder mich verabschiedete, fiel mir ein, nie habe ich an eine höhere Macht, an Gott und solch ähnliche Sachen auch nur im Geringsten gedacht.

Sollte ich nicht doch mal langsam anfangen, jemanden im unendlichen Kosmos für mich zu bitten. Auch dass ich meiner Familie und meinem Betrieb und den vielen Menschen, für die ich eine Verantwortung trug, erhalten bliebe?

Es folgte die Operation, sie war erfolgreich und danach Wochen in einer wunderschönen Umgebung in der Rehabilitation.

Obwohl ich in der Schule und auch im Beruflichen Leben bis dato der Kunst, dem Malen nichts abgewinnen konnte, entschied ich mich doch für diese Therapieform.

Meine Mitpatienten, ich muss es ehrlich gestehen, haben meine Bilder nicht vom Hocker gerissen, wie einer es höflich formulierte.

Eines Tages, der Therapietag war zu Ende, fiel mir auf der Parkbank im Garten ein eleganter, in edlem Anzug mit Weste gekleideter und sehr gepflegter Mann auf. Auf seinen übereinandergeschlagenen Beinen hielt er einen Zeichenblock und malte mit einem Stift.

Ich fragte ihn, ob ich mich dazu setzen darf, er bejahte freundlich. Immer wieder schaute ich wie gebannt auf sein Bild, wunderte mich nicht, dass es farbig war, obwohl er mit einem Bleistift zeichnete.

Es stellte ein Bild dar, welches mir bekannt vorkam und ich überlegte und überlegte, woher wohl.

Nach einer gewissen Zeit stand der Mann auf, wünschte mir alles Gute, Gesundheit und sagte noch: „Malen sie doch auch mal so ein Bild". Sprach und ging weg.

Zuhause und wieder in meiner Arbeit integriert, ich war folgsam, es wurden ein Geschäftsführer und ein Assistent zu meiner Entlastung eingestellt, so wie es mir die Ärzte empfohlen hatten, habe ich meine Tage umstrukturiert.

Meine Familie und ich frühstückten gemeinsam, versuchten es auf jeden Fall. Wenn sie auch heranwachsende Kinder haben, wissen sie, was ich meine.

Dies hatte zur Folge, dass ich meist erst gegen 10.00 Uhr in die Firma kam und abends gewollt und mit großer Ruhe vieles erledigen konnte.

In einem Nebenzimmer hatte ich mir ein kleines Malatelier eingerichtet und wenn mich viele gute Gedanken überkamen, so malte ich gerne Bilder in Acryl, farbenprächtig und aus meiner Sicht, eben laienhaft.

Eines und nur eines meiner Bilder, es gefiel mir besonders gut, habe ich mit einem Rahmen versehen lassen. Als Vorlage diente mir ein Bild über unser Sternensystem und als ich es in dem Geschäft abholte, sagte die Dame zu mir: “Was für ein wunderschönes Bild aus unserem Kosmos, es wirkt wie die Geburt eines neuen Sterns mit allen Farben des Regenbogens“.

Es fiel mir wie die Schuppen von den Augen, war wie versteinert. Ich erinnerte mich, nahm wie in Trance mein eingewickeltes Bild und ging nach Hause.

Es war nahezu das gleiche Bild, welches der Herr auf der Parkbank meiner Rehabilitationsklinik mit seinem Bleistift gemalt hatte und ich bin sehr froh, dass ich diese Geschichte genauso und vorbehaltlos meiner Frau und heute Ihnen, lieber Eduard Maass erzählen konnte.

Es ist Jahre her, das Bild hängt in meinem Büro, ohne dass jemand die genaue Geschichte kennt, und das ist auch gut so.

Karibik, Auto und Geld sind nicht mehr so wichtig.

Zwei meiner Kinder arbeiten mit großer Energie und hohem Elan erfolgreich in unserer Firma.

Hinter dem Schreibtisch meines inzwischen erwachsenen Sohnes hängt ein Bild vom Dalai Lama, darunter eine Karte mit einer kleinen Geschichte, die mich tief beeindruckt hat und die wir beide, Vater und Sohn uns richtig zu Herzen nehmen.

Ein Reporter fragt den Dalai Lama: "Heiligkeit, was hat sie am meisten über die Menschen überrascht"?

Seine Antwort:" Der Mensch. Er opfert seine Gesundheit, um Geld zu verdienen.

Wenn er es hat, opfert er sein Geld, um seine Gesundheit zurückzuerlangen. Und er ist so auf die Zukunft fixiert, dass er die Gegenwart nicht sieht. Das Ergebnis ist, dass er weder die Gegenwart, noch die Zukunft lebt. Er lebt so, als ob er nie sterben würde und schließlich stirbt er, ohne jemals richtig gelebt zu haben".

Es ist so, als spreche er von mir, von meinem früheren Leben, vor meinem großen Gongschlag.

„Ich frage Sie, lieber Eduard Maass, wie ist Ihre Meinung zu meinem Leben, zu meiner Geschichte"?

„So ist und geht unser Plan"! ist meine einfache und ehrliche Antwort und er sagt mir:

„Ja, ich verstehe".

Ich habe einen wunderbaren Freund gewonnen.

Erst vor wenigen Tagen hat er bei mir angerufen und mir erzählt, er lerne jetzt meditieren und schöne und persönliche Gespräche mit unserem Chef zu führen.

„Ich habe auch von Ihnen einiges lernen können, danke dafür“.

SCHULE UND JUGEND

Mutter bekam 1957 einen Schlaganfall und war lange im Krankenhaus. Mein Vater hatte weder einen Führerschein noch ein Auto und wir fuhren mit der Bahn zur Klinik und beteten mit Mutter um ihre Gesundheit.

Ich erinnere mich genau, sie hatte nur den einen Wunsch an ihren Engel immer wieder gebetet:" Mein jüngster Sohn – Eduard ist erst Sieben Jahre alt, geht in die erste Klasse und, mein lieber Schutzengel, ich bitte dich noch um ein paar Jahre, bis er groß und stark ist, um für sich sorgen zu können, dies ist mein einziger Wunsch".

Irgendwie kommt mir dieses Gebet heute bekannt vor und ihr Wunsch und viele Jahre später meiner, wurde ja auch erfüllt.

Wenn es zuhause Ärger gab, mein Vater hatte es nicht ganz einfach, Arbeit, Haushalt, Kinder, Garten, Sorgen, habe ich mit meinen damals noch begrenzten Schreibfähigkeiten der Mutter Briefe ins Krankenhaus geschickt. Mutter hat diese immer in ihre uralte Familienbibel gesteckt und mir später vererbt. Ich muss gestehen, dass es mit mir nicht ganz einfach war und im Nachhinein bewundere ich die Geduld und die Kraft meines Vaters und meiner Eltern.

So habe ich meine alten Kinderbriefe wieder und die Familienbibel von 1896, mit vielen Eintragungen meiner Eltern, Großeltern und Urgroßeltern.

Sie sind für mich sehr wertvoll, eine unbezahlbare und wunderschöne Erbschaftsangelegenheit.

Während dieser Zeit habe ich mich oft mit meinem Vater abends bei seinen Gärten, direkt an einem Bachlauf gelegen, getroffen. Da spielten andere Kinder mit einem Ball und dieser fiel ins Wasser. Etwas vorlaut rief ich den Kindern zu: „Ich hole den Ball“, nahm eine lange Bohnenstange aus unserem Garten und versuchte den Ball ans Ufer zu lenken.

Ich rutschte aus, fiel in den Bach, verhedderte mich im Schlick und Schlamm, drohte zu ertrinken, furchtbare Angst überkam mich. Die anderen Kinder verließen fluchtartig den Ort und ich war ganz allein und verzweifelt. Ich konnte nicht schreien, geriet unter die Wasseroberfläche, doch plötzlich war alles still und friedlich um mich herum.

Mein Vater stand im Bachlauf und zog mich raus, ließ alles stehen und liegen, nahm mich in seinen Arm und trug mich wortlos nach Hause.

Beim Blick über die Schulter meines Vaters sah ich Fritz neben dem Bachlauf stehen. Liebevoll lächelnd winkte er mir zu.

Mein Vater erzählte, dass er mit seinem Fuß versehentlich die volle Gießkanne umgestoßen hatte, im Bach sie wieder befüllen wollte und er dann seinen Eduard im Wasser sah.

Als er mich zu Bett brachte, hatte er Tränen in den Augen, umarmte mich und sagte: „Gottseidank ist die Kanne umgefallen, sonst wäre mein Jung jetzt tot“.

Kaum war meine Mutter wieder zuhause und erholte sich mehr und mehr von ihrem Schlaganfall = Apoplex, stürzte ich beim Eislaufen mit dem Gesicht gegen eine Eisenstange und verletzte mich schwer am Oberkiefer, nahe des linken Auges.

Ein lieber Freund und Schulkamerad, stark und zwei Köpfe größer als ich, trug mich zu einer Arztpraxis und ich wurde sofort gut versorgt.

Dennoch ist der Ehefrau des Arztes, sie war auch seine Assistentin, aufgefallen, dass ich nach wie vor Weinte, sehr traurig war und sie kümmerte sich herzlich um mich.

Sie war in meinen Kinderaugen wunderschön und ich erinnere mich, sie sah so liebenswert, treusorgend aus, hatte Augen wie ein Reh und ich habe ihr deshalb von meinem Schmerz und von meiner Mutter erzählt.

Nur zwei Wochen vor meinem Unfall hatte ich vom Christkind einen schönen und teuren Anorak bekommen und dieser war nun blutig geworden. So konnte ich unmöglich nach Hause gehen. Die wunderschöne Dame war auch Mutter und verstand.

Nach einer Weile bekam ich meinen Anorak frisch geputzt wieder zurück, wurde von ihr mehrmals liebevoll über meine Haare gestreichelt und ich dachte, sie ist bestimmt ein Engel und eine Prinzessin. Noch heute, nach so vielen Jahren habe ich diese schöne und liebe Frau genau in Erinnerung, sehe sie in meinen Gedanken, träume gar öfters von ihr.

Monate später stellte sich heraus, dass die Eisenstange, neben dem Milchzahn meinen zweiten Augenzahn, der noch im Kiefer war und wachsen musste, in viele Teile zertrümmerte, welche am Wandern waren und mein Augenlicht bedrohten.

In der Universitätsklinik für Kieferorthopädie lag ich in einem Schlafsaal mit, ich glaube 28 schnaubenden, krächzenden, kranken Männern, zu dieser Zeit durchaus normal und üblich. Ab und an träume ich heute noch die Geräusche, das nicht enden wollende vielfache Husten und Räuspern der kranken Männer.

Während der Operation schauten dem Professor viele Studentenaugen zu, während er die Besonderheiten, die Schwierigkeiten und seine Arbeit erklärte, mein Fall war wohl irgendwie nicht alltäglich.

Ich weiß nicht, was ich ohne meinen Fritz gemacht hätte, er war einfach da, direkt neben mir, angenehm spürbar diese Ruhe und Angstfreiheit.

Ich hatte mir danach im Schlafsaal fast die Augen aus dem Kopf geweint und deshalb wurde ich ein paar Tage nach der erfolgreichen Operation von meiner Schwester Hannelore, sie hatte Vollmacht von den Eltern, abgeholt, bevor ich seelischen Schaden nehmen konnte.

Ich wurde in einem Konfektionsgeschäft neu und schön eingekleidet und wir gingen dann gemeinsam in das beste Restaurant der Stadt.

Es machte mich so stolz, dass ich vergessen hatte, woher ich gerade kam.

Dort wurde der köstlichste Kartoffelbrei, den ich je gegessen habe serviert. Mit dem Kauen war es schwierig und dauerte noch eine geraume Zeit, bis ich wieder feste Nahrung zu mir nehmen konnte.

Danach mehrere Kugeln selbstgemachtes Eis, zugleich auch ein Benimmkurs mit dem Aufrecht sitzen, dem Umgang mit Messer und Gabel, Danke und Bitte.

Alles wurde in edelstem Porzellan und silbernen Besteck serviert. Zwei Kellner kümmerten sich in bestem Hochdeutsch und hochvornehm um meine Schwester und mich.

„Du kommst im Leben weiter“, so meine Schwester, „wenn du gute Umgangsformen beherrschst, dir Höflichkeit, Freundlichkeit und Zuvorkommenheit zu eigen machst“.

Sie musste es wissen, denn sie war eine Dame von Welt, schön, elegant und gescheit.

Diesen Tag habe ich nie vergessen, weil ich das Gefühl hatte, so lebe auch der der damalige Bundespräsident Theodor Heuss in Bonn.

Als Krönung sind meine Schwester und ich noch mit dem TEE, dem Trans Europa Express gefahren, in meinen Kinderaugen ein Luxuszug mit ganz dicken Polstersitzen und jeder einzelne nummeriert. Viele Jahre hatte ich diese Fahrkarte und die dazugehörige Platzkarte aufgehoben und mir oft angesehen, mich mit Freuden und voller Stolz erinnert.

Selbstbewusste Kinder waren in dieser Zeit noch nicht so gerne gesehen und ich war in den Folgejahren immer wieder mit Erwachsenen konfrontiert, die im Versuch und der Ausführung, Kinderseelen zu brechen groß waren.

Mit Hilfe und der Unterstützung von Fritz, meinem Engel, meinen Eltern, meine Oma und meiner Schwester konnte meine Kinderseele auf jeden Fall gedeihen und hat nicht, wie so viele andere, bedauernswerte Seelen, Schaden genommen. Dies ist Gott sei Dank auch bis heute so geblieben.

Meine Eltern hat es nicht im Ansatz gestört, dass ich Linkshänder war und es bis zu meiner Einschulung an Ostern 1956 auch blieb. So war ich ganz überrascht, um es vorsichtig auszudrücken, dass mir meine Lehrerin, sie hatte rote, grellgeschminkte Lippen und keinen sehr freundlichen Blick, in barschen Ton mitteilte:

„Ab heute nimmst du die schöne Hand zum Malen und Schreiben“. Ein Widerspruch war nicht erlaubt und ehrlich gesagt, wusste ich auch nicht so genau, was eine schöne Hand ist. Also, aus meiner Kindersicht, außer der gefüllten Schultüte kein schöner erster Schultag, kein guter Beginn.

Eine Anekdote von meinem ersten Schultag ist mir immer präsent geblieben, meine Eltern und ich haben darüber sehr oft gelacht. Nach über 60 Jahren kann ich mich genau erinnern, dass ich meinen Vater, wie so oft am Bahnhof abgeholt habe. Voller Stolz hatte ich meinen braunen Schulranzen aus Leder auf dem Rücken und zeigte ihn immer wieder her.

Meine Farbstifte hatte mein Vater mit seinem Taschenmesser Stück für Stück und von Hand akribisch gespitzt und ich erzählte ihm vom Einschulungsprocedere und von der unfreundlichen Lehrerin. Mein Vater dazu: „Dann bist du ein besonderer Schüler, wenn du mit beiden schönen Händen schreiben kannst“.

In jeder Situation des Lebens hat mein Vater etwas Positives entdeckt.

Zuhause angekommen, hatte meine Mutter für ihren Wilhelm aus Pommern seine geliebten Bratkartoffeln mit vielen Spiegeleiern schon vorbereitet. Da er körperlich sehr hart arbeitete, war die Portion Kartoffeln reichlich groß und passt auf, jetzt kommt es, 10 bis 12 Spiegeleier dazu.

Ich weiß nicht mehr, wie oft ich auf seinem Schoß saß und mitessen durfte. Zeit seines Lebens konnte er sich mit unserer Nationalspeise Spätzle nicht anfreunden, obwohl meine Mutter die besten weltweit per Hand in den Topf kratzte. War ich mal krank und habe bei meiner Mutter Spätzle mit Soße bestellt, wusste sie, jetzt wird mein Eduard wieder gesund.

Solange ich denken konnte, hat Mutter für ihren Wilhelm seine geliebten Kartoffeln in allen Variationen gekocht und die übrige Familie hat sich den einheimischen und anderen Spezialitäten gewidmet.

Den Wein aus dem Ländle, aber auch aus anderen Gegenden und Ländern liebte er und verkostete diese gerne.

Ich saß wieder bei meinem Vater auf dem Schoß. Mutter hatte die Küche verlassen und mein Vater schenkte in mein Kinderglas ein wenig von seinem Rotwein ein und sprach offiziell:" So, Eduard, jetzt bist du eingeschult und darauf stoßen wir zwei Männer an".

Voller Stolz erhob ich mein Glas und nach dem ersten Schluck kam Mutter durch die Türe, schaute und dann kam der entsetzte Satz:

" Wilhelm, bist du verrückt, der Bub wird dumm"! und sie stritten sich ein paar Minuten über die Sinnhaftigkeit und ihre unterschiedlichen Betrachtungsweisen.

Brachte ich später eine schlechte Note mit nach Hause, sagte mein Vater:" Irm, du hattest recht, ich hätte dem Eduard doch keinen Wein einschenken sollen".

Hatte ich eine gute Note, auch das kam vor, sagte er:" Siehst du, Irm, es hat doch nicht geschadet".

Ich erinnere mich sehr gut, gerade Sextaner (1. Klasse Gymnasium) geworden, dass ein Lehrer Anfang der sechziger Jahre aus Zorn über mich seine Aggression und seine Wut nicht unter Kontrolle brachte und schreiend meinen gerade zu Weihnachten und zum Geburtstag erhaltenen, für uns sehr teuren und wertvollen Füllfederhalter aus dem 4. Stock zum Fenster rauswarf.

Danach habe ich ihn geduzt und ihm Konsequenzen versprochen.

Mein Vater, Wilhelm aus Pommern hat am nächsten Vormittag freigenommen und Gespräche geführt. Ich habe einen neuen Füller bekommen, keine Entschuldigung des Fehlverhaltens und fand mich nach nur einem Schuljahr im Gymnasium „wegen überdurchschnittlichen Leistungen, Top Noten und guten Verhalten“ in der Volksschule wieder.

In den Jahren dort und im Gymnasium war ich wohl nicht die große Erfüllung meiner Lehrer und so mancher Pädagoge schlug mit einer solch großen Freude und sichtbaren Lust seine Schüler, dass es einen grauste.

Ich hatte einen Lehrer, der mich und meine Mitschüler so lange mit einem Stock den Hosenboden versohlte, bis der malträtierte das Weinen anfing, dann hörte er auf. Mein Wille war sehr stark, ich wollte ihm auf keinen Fall meinen Schmerz, die Tränen nicht zeigen und so bekam ich eben auch viel Schläge.

Der Mann war schwer kriegsbeschädigt wieder in sein Amt als Lehrer in der Schule eingesetzt worden und mein Engel sagte mir, dass die Schüler ein Ventil für ihn seien.

Zu dieser Zeit kümmerte sich leider noch niemand um Patienten mit traumatischen Erlebnissen aus dem Krieg.

Selbst unser Pfarrer verteilte im Konfirmanden- und Religionsunterricht mehr schmerzhafte Kopfnüsse und Schläge, als Geschichten über Jesus.

Richtig gut finde ich, dass jeder in unserem Land später, auch als Erwachsener nochmal in die Schule gehen darf, seine Möglichkeiten ohne Zwang und Druck ausschöpfen kann, seinem Leben die gewünschte Richtung geben kann.

Ich habe auf jeden Fall später, als erwachsener junger Mann die vorhandenen und mir gebotenen Möglichkeiten genutzt.

Als ich meine Lehre bei einem großen Konzern in der großen Stadt begann, meine Personalnummer war 438, fuhr ich mit dem Zug, noch von einer Dampflokomotive gezogen jeden Morgen zu meiner Arbeit und abends wieder nach Hause, über 12 Stunden unterwegs.

Meine Mutter hatte Sorge um mein Wohlergehen, des weiteren Wachstums, trotz meines Mittagessens in der Kantine, wegen des langen Tages und so waren in meiner Tasche 5 doppelte Brote, meistens mit Hausmacher Wurst aus eigener Schlachtung belegt.

Dies sprach sich blitzartig herum und nach wenigen Wochen hatte sich im Kaufhaus unter dem Personal ein reger Handel entwickelt.

Meine Brote waren sehr begehrt und ich tauschte diese gegen edle Lachs- Kaviar- Aal- und andere Variationen und Köstlichkeiten von leitenden, hocheleganten Mitarbeitern aus den Häusern in Berlin, Düsseldorf, München und anderen Metropolen unseres Landes.

Ich bitte zu bedenken, dass ich ein einfacher Junge war, mit einem dörflichen Hintergrund in einem für damalige Verhältnisse in den 60er Jahren hocheleganten riesigen Kaufhaus mit mehr als 700 Mitarbeitern meine Lehre absolvierte.

Es kommt eine wunderschöne Dame, ihre traumhafte Figur in teures und edles Tuch gekleidet, Pumps, dezent geschminkt auf mich zu und bittet mich in bestem Hochdeutsch und ihrem schönsten Lächeln um eines meiner mit Hausmacher Wurst belegtes Brot und bietet zum Tausch eine Schale Shrimps an. Auch Hummer, Krebse, sogar Wachteleier und Trüffelwurst waren im Angebot.

Gottseidank wusste ich von meiner Schwester Hannelore, dass diese Delikatessen sehr teuer und edel waren. Trotzdem, es fühlte sich für mich wie tausendundeine Nacht an und ich habe häufig von der schönen Dame geträumt.

Am 25. eines jeden Monats gab es die Tüte mit dem Lehrlingsgehalt in bar darin und ich habe danach im „Schwanen“ mit ein paar guten Freunden „die Sau fliegen lassen“ und in meiner Tüte war dann nicht mehr viel.

Waldemar, der Wirt war immer ganz begeistert, wenn unser Tross auftauchte.

Fortan wurde ich von meiner Mutter und meiner anderen Schwester persönlich am Bahnhof abgeholt, schließlich musste unter anderem auch meine Monatskarte für die Bahn bezahlt werden

Mein Lehrherr belohnte einen besonders guten und exklusiven Verkauf mit einer zusätzlichen Prämie. Darin war ich sehr gut und habe reichlich davon profitiert. Die Summe für diese Leistung wurde extra und an einem anderen Tag ebenfalls bar ausbezahlt und stand somit wieder für „die Sau fliegen lassen“ zu Verfügung.

Viele Jahre später habe ich es meiner Mutter gebeichtet und zu meiner Verwunderung sagte sie:“ Ich weiß es, Eduard, ich wusste es von Anfang an, kenne doch meinen Sohn ganz genau“.

Ende der sechziger Jahre folgte die gesellschaftliche Revolution und die offenen Fragen zum beispielsweise tausendjährigen Reich oder der Sexualität konnten gestellt werden, wurden aber leider oft nicht beantwortet, die Terrorgruppe RAF (Rote Armee Fraktion) war aber auch keine Option.

Als ich meinen 18monatigen Grundwehrdienst bei der Bundeswehr antrat, hatte ich schulterlange Haare und zur Begrüßung schrie ein Feldwebel: „Schütze Maass, links raustreten, ab zum Friseur“.

„Entschuldigung, ich bitte freundlich um ein Haarnetz, wie es der Haarerlass des Herrn Verteidigungsministers vorsieht“ war meine Antwort und das Gesicht meines gegenüber lief feuerrot an, er drohte zu platzen und wurde nie mein Freund.

Der spätere Bundeskanzler Helmut Schmidt war damals Verteidigungsminister und es gab den sogenannten Haarerlass.

Eine Stunde später hatte ich mein Haarnetz und einen Stahlhelm. Während meiner 18monatigen Dienstzeit wurde ich zum Vertrauensmann gewählt, betreute Kameraden, die wegen kleinerer Delikte im Bau saßen, bediente im Offizierskasino und habe dort auch Spendengelder gesammelt.

Auf meinen Wunsch hin, wurden diese dann vom Kompaniechef, dem Kompaniefeldwebel und mir an verschiedene Einrichtungen für geistig und körperlich Behinderte der Diakonie und der Caritas in unserer Gegend überbracht.

Lustig war es meistens vor den öffentlichen Terminen zu den Spendenübergaben, wenn mein Kompaniechef immer wieder fragte: „Herr Maass, möchten sie nicht doch lieber zum Friseur gehen, wegen dem Pressefoto“?

Erfolgreich und selbstbewusst konnte ich diesen Gang immer verhindern, ohne dass mein Hauptmann mit mir böse war, eher hatte ich das Gefühl, er könne mich gut leiden und so entstanden die Pressefotos von den Spendenübergaben mit dem sichtbaren Haarnetz, darüber als Mütze das sogenannte Schiffchen.

Nach eineinhalb Jahren hat mir dieser Offizier dann ein Zeugnis geschrieben, welches mir im nun auf mich wartenden sozialen Bereich viele Türen öffnete. Ein ganz besonderer Soldat und Menschenführer. Für die jungen Wehrpflichtigen damals eine Ausnahmeerscheinung und ein Segen.

Viele haben sich auch darüber gewundert und manche haben mich sogar bewundert, da ich der einzige verheiratete Wehrpflichtige in der Kompanie war und auch schon einen Sohn hatte, ein Novum Anfang der siebziger Jahre.

Nach meiner Entlassung dort, ich hatte längst die Weichen gestellt, machte das dazu notwendige Praktikumsjahr in einem Haus für Wohnsitzlose, ging nochmal zur Schule, begann eine neue Ausbildung zum Heilerziehungspfleger, schloss diese erfolgreich nach drei Jahren plus einem Anerkennungsjahr mit der Abschlussarbeit „Die Sexualität geistig und körperlich Behinderter in den Heimen“ ab und betreute fortan und mit großer Freude Behinderte in verschiedenen Einrichtungen der Diakonie.

Vor allem meine liebe Mutter hat dann gerne und voller Stolz erzählt, was ihr jüngster Sohn beruflich macht und so war es auch kein Wunder, hatte ich an Weihnachten Dienst, wurde ich kurzerhand von meinen Eltern samt einer Gruppe von Behinderten an Heilig Abend nach Hause eingeladen.

Über Jahre hinweg habe ich mich dann im Sommer freiwillig zur Betreuung von Behinderten-Freizeiten gemeldet, eine wunderbare und fröhliche Zeit mit Hitparade, Theater spielen, Drachen bauen, Papier falten, Zoo-und Konzertbesuchen, Lieder singen, Lachen und vieles mehr.

Dass diese Freizeiten inmitten der schönsten Weinberge in unserer Gegend lagen und das Essen und der Personalwein all inclusive war, auch immer sehr hübsche Erzieherinnen mit dabei waren, machte diese Wochen noch viel schöner, fast bin ich versucht, von traumhaft zu sprechen.

Eine geraume Zeit war ich auch in einem Haus für elternlose Behinderte und ab und zu bekam ich für uns alle Freikarten zu Konzerten in der Stadthalle.

Von einem denkwürdigen Besuch eines Udo Jürgens Konzertes möchte ich mit einem Lachen im Gesicht kurz berichten.

Unsere Gruppe bestand aus sieben Behinderten zu Fuß, einem Rollstuhlfahrer und ich als Betreuer. Wir bekamen in dem ausverkauften Konzertsaal Plätze in der ersten Reihe.

Udo Jürgens sang seine Lieder, am Schluss stehende Ovationen, am Bühnenrand ganz viel Damen um den in den obligatorischen weißen Bademantel gehüllten Künstler gescharrt und dann kam Udo Jürgens runter von der Bühne, begrüßte mich und bat mich, ihm die Menschen, die ich betreute, vorzustellen.

Dies habe ich zur großen Freude aller getan, bis wir zu Helmut kamen. Er schlief oft und fest, auch bei Konzerten ein und als ich Udo Jürgens sagte, dies sei Helmut, fragte mich dieser im breitesten Schwäbisch: “Herr Maass, wer ischen des“? Hochdeutsch: “Wer ist das“?

Ich glaube, dass Udo Jürgens dies zeitlebens nicht vergessen hat, bestimmt oft erzählt hat und vielleicht lachen er und Helmut miteinander in der lichtvollen, geistigen Welt über diese schöne und lustige Geschichte.

Eine Zeitlang wohnte bei uns auch ein taubstummes Kind, gerade mal 7 Jahre alt. Nach dem tödlichen Unfall seiner Eltern wollte die im Ausland lebende Tante das Kind zu sich holen und bis alle Formalitäten erledigt waren, wurde in unserem Haus nachgefragt. Oft konnte sie abends nicht einschlafen und schrie lauthals, zeigte Aggressionen.

Ich setzte sie in unser Auto und fuhr lange mit ihr durch unsere Stadt. Das beruhigte das Mädchen und sie schlief dann ein. Wieder daheim, trug ich sie ganz vorsichtig in ihr Bett, saß noch eine Weile bei ihr und hielt ihre Hand.

Mehrmals lächelte sie mich an, zeigte öfter mit dem Zeigefinger an die Wand in Richtung Fenster, malte mir am Morgen danach ein Bild mit einem ganz bunten und wunderschönen Engel darauf, zeigte wieder in die gleiche Richtung. Aufgrund meiner persönlichen Erfahrungen konnte ich ihr mein Verstehen bedeuten und bestätigen.

Es hat mich tief berührt und beruhigt, dass ich mir für ihre Zukunft keine Gedanken mehr machte.

Sechs Wochen habe ich das Kind jeden Abend in den Schlaf gefahren und habe zum Abschied eine wunderschöne und herzliche Umarmung dafür kassiert. Schon oft und bis heute denke ich an dieses Mädchen mit ihrem bunten Engel und was wohl aus ihr geworden ist.

So ging ich dann auch mit langen Haaren in meine zweite Hochzeit. Diese Zeit war von meiner, bis heute anhaltenden Leidenschaft zur Rock- und Bluesmusik erfüllt und geprägt. Kaum ein berühmter Rocksänger oder Formation von Rang und Namen, deren Konzerte ich nicht besuchte. Eine grandiose und unbeschwerte Zeit, die Revolution hatte begonnen.

Anfang der siebziger Jahre war ich mit Kind und Kegel bei einem dreitägigen Rockfestival in den Rheinebenen, sozusagen ein deutsches Woodstock mit vielen Superstars und natürlich Pink Floyd. Es war Hochsommer und die Musik und das Wetter flimmerten vor Hitze.

Am Samstagmorgen waren wir an einem Seitenarm des Rheins und wollten uns abkühlen.

Tausende nackter Menschen, weiblich und männlich taten es uns gleich. Glaubt mir, für einen jungen Mann, Anfang 20 Jahre alt und dessen Augen ein Paradies.

Meine Lieblingsgruppe war und ist Pink Floyd. Die habe ich 17 Mal live in Konzerten erlebt und mich daran erfreut. Alle Schallplatten und alle CD`s sind in meinem Regal.

Wenn im Stadion das Lichterspektakel begann und der Bass alles um dich herum und dich selbst vibrieren ließ, Unvergesslich!

Eine richtig nette und lustige Begebenheit muss ich hier unbedingt erzählen. Ich hatte einen Freund in München und Pink Floyd trat im Olympiastadion auf. Als ich über das Olympiagelände lief, bemerkte ich immer wieder viele musternde Blicke von ganz vielen Menschen.

Ich schaute schon an mir runter, nachsehen, ob etwas nicht in Ordnung mit mir sei. Da machten mich ein paar Leute auf Bilder aufmerksam, welche überall verteilt angebracht waren.

Überall, im ganzen Stadionbereich und der U-Bahn hatte mein Freund Bilder von mir in DinA4 Größe angebracht und wollte mir damit eine Freude machen.

Es hat mir imponiert und geschmeichelt, dass er einen solchen Aufwand für mich betrieben hat und auf die Idee muss man ja auch erstmal kommen.

In dieser Zeit verging kaum eine Woche, an der nicht nach dem Vorbild von John Lennon und der damaligen Studentenbewegung stundenlange, bis in die Nacht reichende sit-ins abgehalten wurden, wir zu unserer Musik stramme, politische Diskussionen führten, Wein tranken und gut rauchten.

Waren nur noch zwei Menschen übrig und du hast dem Mädchen gesagt:“ Zum Schluss lege ich noch eine Platte nur für Dich auf“, es lief dann Leonhard Cohen oder Jaques Brel, war von Verabschiedung keine Rede mehr, „Ich wusste ja gar nicht, dass du….., Ohla` la`“.

Mein Wissensdurst war groß und ich habe viele Bücher gelesen. Beeindruckt, traurig und geschockt haben mich die Bücher von Eugen Kogon „Der SS – Staat, „Keiner stirbt für sich allein“ von Hans Fallada und mehrere Biographien über den unglaublich mutigen und starken Pfarrer Dietrich Bonhoeffer.

Lange habe ich gebraucht, bis ich den von mir gewünschten Zugang zu meinen Eltern fand, beide in 1912 geboren und in vollem Wissen über das furchtbare Geschehene.

Wie ich herausfand, war mein Patenonkel aktiv an der Kristallnacht beteiligt und musste danach aus persönlichen Gründen nach Nordrhein-Westfalen umziehen.

In der Schule hatte die Geschichte zwischen 1933 und 1945 einen für mich ungenügenden Platz gefunden und ich musste meine Neugierde in meiner Familie und mit Bücher stillen.

Die Aufarbeitung dieser unseligen Zeit war eben noch lange nicht abgeschlossen.

Ich bin stolz auf meine Eltern, dass sie, nach langen Diskussionen letztendlich dieses für mich unglaublich wichtige Thema besprochen haben und wir über die Frage an mich persönlich:“ Wie hätte ich mich denn verhalten?“ „Was hätte ich denn an deren Stelle getan? Platz zu Antworten für mich gefunden haben.

Meine Mutter, eh eine Seele von Mensch hatte sich in den letzten Kriegsjahren um ausgebombte, also um Menschen ohne ein Dach über dem Kopf, so gut es ging gekümmert, mein Vater war als Lokomotivführer im besetzten Frankreich unterwegs und wurde dort verwundet. Beide Eltern vermittelten uns Kindern – Krieg ist nichts Gutes.

Aufhorchen ließ mich eine Geschichte, welche mir mein Vater erzählte, von der ich nicht genug bekommen konnte.

Sein Cousin Fritz Maass (1910 – 2005) war 1940 als protestantischer Pastor nach Shanghai gekommen.

Wie mir mein Vater glaubhaft versicherte, hatte dessen Name nichts mit dem Namen meines Engels zu tun.

Vor dieser Zeit war er Seelsorger in Jerusalem und Mitglied der Bekennenden Kirche, der BK, eine Oppositionsbewegung evangelischer Christen gegen Versuche einer Gleichschaltung von Lehre und Organisation der Deutschen Evangelischen Kirche (DEK) in der Zeit des Nationalsozialismus.

Elisabeth Raamsdonk-Maass aus den Niederlanden war in der evangelischen Gemeinde Shanghai bereits tätig, als Fritz Maass auf eigenen Wunsch und aus Sicherheitsgründen dorthin versetzt wurde und sie wurde seine Frau.

Der Unmut vieler konservativer Gemeindemitglieder und vor allem der NSDAP (Nationalsozialistische Deutsche Arbeiterpartei) aufgrund seiner bekannten Einstellung war ihm sicher.

Er machte keinen Hehl aus seiner kritischen Haltung gegenüber diesem Regime, er pflegte seine ungewohnt tolerante Amtsführung, hielt trotz eines Verbotes Gottesdienste im Jüdischen Ghetto und machte auch seine Besuche dort weiter.

Pastor Fritz Maass wurde mehrmals verwarnt, weil er sowohl in passiver, das heißt, durch bewusste Auslassungen, als auch in aktiver Form in seinen Predigten und Aufsätzen keinen Zweifel an seiner kritischen Haltung dem NS – Regime gegenüber zeigte.

In Deutschland wäre ihm das Zuchthaus und schlimmeres sicher gewesen.

Selbst vor der übrigen Familie, hier im Großdeutschen Reich machten die NS-Schergen nicht Halt und drohten immer mal wieder mit Konsequenzen.

Dennoch, der Arm der Partei reichte bis nach Shanghai und er wird auf Druck im Sommer 1944 entlassen und erst nach Kriegsende wieder als Seelsorger eingesetzt.

1947 kehrte er nach Deutschland zurück, war wieder als Pfarrer tätig und wurde später an die Theologische Fakultät der Universität Mainz berufen.

Seinen Ruhestand verbrachte er in der Nähe von Freiburg.

Unsere Gespräche waren stets von Hochachtung und Respekt geprägt und ich konnte von diesem gescheiten und weltoffenen Mann viel lernen und mitnehmen.

Seine Geschichte hat er nie als etwas Besonderes beschrieben, im Gegenteil, er fand es normal an der Stelle, wie er zu sagen pflegte, an die ihn Gott gestellt hatte, in dessen Sinne zu agieren.

Mit seiner Familie, seiner Tochter und deren Kinder, verbindet mich bis zum heutigen Tag eine schöne, familiäre Freundschaft und gutes Miteinander.

Seine theologischen Bücher, ich glaube es sind über zehn, kann ich intellektuell nur begrenzt verstehen, befassen sie sich ja allesamt mit der Bibel und theologischen Fragen.

Jedoch die Gespräche mit ihm über seine persönliche Geschichte und die Kraft, dem Unrecht dauerhaft die Stirn zu bieten, geschöpft aus einem tiefen Glauben in dem auch die Engel ihren wichtigen Platz hatten, waren für mich persönlich eine weitere Grundmauer in meinem Leben und ich gebe zu, es macht mich schon ein wenig stolz, einen solch aufrechten Mann in meiner Familie gehabt zu haben.

Zu Recht ist Professor Fritz Maass mit seinen Lebensdaten auf der Wikipedia Plattform nachzulesen.

TOMMY

Am Telefon ist eine Frau. Sie weint bitterlich und entschuldigt sich gleich mehrfach. In der Hospizarbeit, der Sterbe- und Trauerbegleitung ist dies nicht außergewöhnlich.

Es dauert eine ganze Weile, bis ich merke, dass es sich wirklich um einen außergewöhnlichen und bis dato noch nicht erlebten Trauerfall handelte.

Tommy, der sieben Jahre alte Golden Retriever, eine alte englische Hunderasse, hatte während dem morgendlichen Spaziergang einen Giftköder verschluckt, musste sehr leiden und der Tierarzt empfahl, dieses Leiden durch Einschläfern zu beenden.

Ich habe die Dame um ein wenig Geduld gebeten, habe ihr gesagt, dass ich gerade Besuch hätte, aber gleich zurückrufen werde. „Aber bitte, ehrlich, es ist so unendlich wichtig für uns“.

Nach einem kurzen Nachdenken war ich überzeugt, wenn Trauer und Not ist, müssen wir von der Hospizarbeit für diese Menschen ein offenes Ohr und Herz zeigen und der Prälat i.R. Martin Klumpp aus Stuttgart fällt mir spontan ein:“ Wer sind wir, dass wir über die Trauer der anderen befinden“?

Ich rufe zurück und spüre die Erleichterung.

Die Frau entschuldigt sich so oft, dass sie mich wegen eines Hundes belästigen muss, nicht weiß wohin mit ihrer Trauer, niemand will ihr zuhören, keiner versteht die große Trauer um einen, „es ist doch nur ein Hund“, dass ich sie unterbreche. „Ich verstehe sie und ihre Trauer“. „Wirklich, ehrlich“? „Ja, wirklich und ehrlich“.

Wir verabreden uns auf den Nachmittag des gleichen Tages und ich will bei den traurigen Leuten persönlich vorbeikommen. Dies ist ein fester Grundsatz.

Sie erzählt mir aus dem Leben von Tommy, der ihr und ihrem Mann so viel bedeutete.

Es sollte einfach nicht sein, eigene Kinder zu kriegen, alle mit dem Gewissen zu vereinbarenden Möglichkeiten waren ausgeschöpft und das Ehepaar sehr verzweifelt.

Nachher scheiterte eine eventuelle Adoption am fortgeschrittenen Alter und der Bürokratie. „Wir wussten nichts mehr".

Bei einem Spaziergang auf der Schwäbischen Alb trafen sie ein befreundetes Ehepaar mit einem 3 Monate alten Golden Retriever Welpen und verliebten sich sofort. Sie erbaten sich die Adresse der Züchter, erkundigten sich, haben Bücher gelesen, sich einfach vorbereitet auf den kleinen Hund.

Der Züchter hatte angerufen, die Hundemutter hätte 6 gesunde Welpen auf die Welt gebracht, 3 weibliche, 3 männliche und vereinbarte einen Termin. Große Aufregung beim Besichtigungstermin, einer der Welpen ging auf sein neues Frauchen zielsicher zu, entschieden, der wird es, dies ist Tommy.

Die Geschwister der neuen Hundebesitzer hatten allesamt Kinder und durch Tommy war plötzlich und ständig das Haus voller Kinder. Ordnungsgemäß gingen Frauchen und Herrchen mit Tommy zur Welpen-schule, dann zur Hundeschule.

Schließlich sollte der Retriever gut erzogen sein, damit er mit ins Restaurant und auf den Campingplatz gehen konnte

Sitz, Platz, Bleib, Komm, Bring und Geh, alles hat Tommy mit Begeisterung gelernt und beherrscht. Die Besitzer waren zu Recht stolz, wurden überall gelobt und es waren glückliche Jahre für alle.

Beim Spazieren gehen nahm Tommy etwas ins Maul, ein richtig böser Mensch hatte es mit schlimmen Absichten genau dort deponiert, wo eben einige Hundeliebhaber ihren Wautzi springen lassen.

Eine Stunde später, wieder zu Hause, erbrach sich Tommy ständig, würgte schmerzhaft und Herrchen und Frauchen machen sich eilig zum Tierarzt auf. Dort wird schnell die richtige Diagnose getroffen, aber auch festgestellt, es ist nichts zu machen und die schlimme Frage bei einem Tier: „Damit er nicht noch mehr leiden muss, sollte Tommy eingeschläfert werden".

So wird es dann gemacht und alle stehen bei Tommy, eben eine Hospizbegleitung extra für Tommy. Als ich dies dem tieft-raurigen Frauchen so sage, ihre Hände dabei halte, spüre ich eine gewisse Erleichterung, ihr fällt ein Stein vom Herzen, eine Solidarität, „wenn es auch nur ein Hund ist".

Nebenbei bemerke ich, dass ihr Mann nicht anwesend sei und sie sagt, dass er sich schämen würde, dass ich jetzt extra gekommen bin, obwohl „die doch eigentlich nur für Menschen da sind".

Ich gehe zur Garage und sage dem Mann mit fester Stimme, er möge doch bitte mit ins Wohnzimmer kommen, „wir sind für alle traurigen Menschen da".

Die Traurigkeit hat eben viele Gesichter.

Tommy ist auf einem Hundefriedhof in der Nähe begraben worden und die lieben Leute gehen mit ihrem neuen Tommy zweimal im Monat hin und besuchen das Grab.

„Möchtest du einmal mit uns dahin fahren“? fragt mich die Frau nach ein paar Monaten und ich entscheide mich spontan dafür.

Mit ganzem Herzen bin ich bei diesen lieben Leuten. Es war ein schöner Nachmittag, mit schönen Geschichten, einem wunderbaren Eisbecher und lachenden Gesichtern.

Ich glaube, der neue Tommy hat auch gelacht.

Es war in all den Jahren auch nicht der einzige Trauerfall mit Tieren.

HANNELORE

Ich verbrachte viel Zeit bei meiner großen Schwester, sie war 19 Jahre älter als ich, in der Weltstadt Hamburg. In vielerlei Hinsicht war sie für mich Vorbild, wusste unglaublich viel, war gescheit und bildschön.

Mein Schwager, ein stolzer Hanseat, durch und durch und dies meine ich im positivsten aller Sinne hat mir in Hamburg Dinge gezeigt, da habe ich als Kind vom Dorf nicht mal davon geträumt, geschweige denn davon gewusst.

Hannelore hatte jahrelang im Kernforschungszentrum gearbeitet und konnte leider keine Kinder bekommen.

Wenn ich als Schulkind in den späten fünfziger Jahren meinen Mitschülern berichtete, dass wieder ein Paket aus Hamburg angekommen war und gar ein paar Süßigkeiten daraus verteilte, hat das damals richtig Eindruck gemacht.

An Weihnachten kam immer ein Paket mit 2 Aalen, Lachs und Kaviar, fix und fertig bereit zum Essen.

Ihr späterer Mann, mein Schwager erzählte mir, er habe es in seinem Leben nicht einfach gehabt und dennoch ist er als ein sehr positiver, dem Leben freudig zugewandter Mensch in meinen Gedanken.

Aus einfachsten Verhältnissen kommend, hat er bereits als Kind seinen Vater verloren, die Mutter zog ihn unter schwierigsten Bedingungen und in schlechten Zeiten alleine groß.

Zu Recht und voller Stolz erzählte er mir, dass er Im- und Export Kaufmann lernte, sich fleißig weiterbildete, nachher für diese Firma weltweit erfolgreich unterwegs war und schließlich im besten Alter von seinem Chef, der kinderlos war, gefragt wurde, ob er die Firma übernehmen möchte.

Nach einem Rückenleiden war er zur Kur in Süddeutschland, besuchte eine Arztpraxis und hatte dort mit einer Dame zu tun, so erzählte er mir oft und meiner Schwester war es dann immer etwas peinlich, die war nicht nur sehr hübsch, sie hatte die erotischste Stimme und die schönsten Haare, die er je gehört und gesehen hatte.

Ich habe ihm, da ich meine Schwester ebenso wegen ihrer Schönheit bewunderte, immer beigepflichtet.

Unsterblich, so seine Originalworte, verliebte er sich in meine Schwester.

Er war einige Jahre älter als Hannelore, hätte durchaus ihr Vater sein können und er war verwitwet.

Trotz einiger Einladungen und Komplimenten, vieler Avancen und kleiner Aufmerksamkeiten, es wollte nicht so richtig vorangehen, es musste etwas passieren.

Lange bevor Gunter Sachs seiner Brigitte Bardot Rosen aus dem Hubschrauber bei Saint Tropez regnen ließ, hat mein Schwager dann einen Lieferwagen voller Rosen geordert und den Weg seiner Angebeteten von ihrer Arbeitsstelle zu ihrer kleinen Wohnung Rose an Rose belegt. Trotz zweier Helfer ein sehr hoher, zeitlicher Aufwand und wie er mir erzählte, jede Minute wert.

Nach Feierabend wollte sie nach Hause gehen, sah die vielen Rosen, es waren weit über 1.000 Stück, „da fiel sie um!“

Diese Geschichte hat mich schwer beeindruckt und deshalb waren wir uns nach vielen Gesprächen und Besuchen einig, wir sind beide unverbesserliche Berufsromantiker und Seelenverwandte.

Auf meine Art und mit meinen Möglichkeiten eiferte ich ihm nach und wir erzählten uns gegenseitig davon, erfreuten uns daran.

Meine Schwester schüttelte manchmal, liebevoll lächelnd ihren Kopf über die zwei Kindsköpfe.

Tage und Nächte konnte ich mit meiner Schwester zu jedem Thema sprechen, Fragen stellen, es war immer zufriedenstellend.

So offen meine Eltern mit mir das Dritte Reich besprachen, waren sie mit dem Thema Sexualität nicht. Ich habe meine Eltern nie nackt gesehen und meine Fragen als halbwüchsiger zu diesem Thema wehrten beide etwas beschämt ab. „Über so etwas spricht man nicht“.

Mein Vater sagte zu mir: „Eduard, geh zu Deiner Mutter, sie wird dir Deine Fragen beantworten“. Und umgekehrt!

Viele Jahre später, ich glaube, es war Mitte der siebziger Jahre und die große Familie und Freunde feierten einen runden Geburtstag meines Bruders auf dessen Gütle = Wochenendgrundstück, am Waldrand gelegen und ohne Wasseranschluss.

Daher gab es ein recht großes, gemauertes Wasservorratsbecken, in dem das Regenwasser zum Gießen der Pflanzen gesammelt wurde.

Nach ein paar Flaschen Wein beschlossen mein Bruder und ich, nackt, einer links, einer rechts, uns ansehend in dieses reichlich gefüllte Becken zu sitzen und dort gemeinsam weiter dem Rebensaft zu frönen, singend und fröhlich.

Unsere Mutter schlug ihre Hände vor das Gesicht, mit weinerlicher Stimme beklagte sie den Untergang des Abendlandes, rief: „Wer hat euch solche Sachen beigebracht“? „Wilhelm, sag doch was“! „Oh Gott, Oh Gott“.

Später, als mein Bruder und ich auf dem Bauch liegend auf dem Wellblechdach der Hütte uns einen kräftigen Sonnenbrand holten und herabsteigen wollten, warf uns Mutter unsere Shorts nach oben und drehte sich mit den Worten „Was ist da schiefgelaufen“? und „Ich kann nicht hinsehen“, um und hielt sich ihre Augen zu.

Mein Bruder und ich lachen heute noch herzlich darüber.

Das genaue Gegenteil erlebte ich im Hause meines Schwagers. Dieser weitgereiste und weltgewandte Mann beantwortete mir alle Fragen und wenn ich sage, alle, dann meine ich auch wirklich alle.

Er besuchte mit mir allerhand Lokalitäten auf Sankt Pauli und erfreute sich häufig an meinem offenstehenden Mund, den glänzenden und fast ungläubig blickenden Augen. „Nur gucken, nicht anfassen“, hieß es in dem in vielen Ländern dieser Erde bekannten Lokal „Pulverfass“.

So blieb mir die allzu schmutzige Straßenaufklärung erspart, konnte dadurch viele gute Lebensfilme in meinem Kopf-Kino abspeichern, konnte ein entspanntes und liebevolles Verhältnis zum schönen Geschlecht entwickeln und bis zum heutigen Tag beibehalten. Auch ein gutes Pfund Toleranz und Verständnis für etwas außergewöhnlich Orientierte habe ich immer mit nach Hause genommen.

Wenn ich im Sommer für ein paar Wochen zu Besuch war, bin ich morgens um 06.00 Uhr, raus aus meinem Zimmer, nackt die Wiese runter gelaufen und in den See gesprungen, hinüber zur Insel und zurück Geschwommen, eine Wonne, welch ein Tagesbeginn.

Mein Schwager wollte mir das Angeln beibringen und ich hatte Mitleid mit den armen Fischen, habe jedoch nichts gesagt, weil diese mir, von meiner Schwester zubereitet, auch sehr gut schmeckten. So machte ich das Spiel mit.

Während des Angelns auf einem kleinen See in Norddeutschland ließ sich trefflich leise reden, Steuerbords, also rechts, war meine Angel, Backbords, also links, die meines Schwagers.

Ich habe aufgepasst.

Meine Angel zitterte, es hatte einer angebissen. Wie sich später herausstellte war es ein kapitaler Hecht und er zog unser Boot kreuz und quer über den See.

Nach einer Stunde ziehen, wieder Schnur geben, ziehen, wieder Schnur geben war der riesige Fisch in unserem Boot, 23 Kilogramm schwer und 127 cm lang. So etwas hatte ich nie gesehen und erlebt. Der Hecht war größer als damals mein ältester Sohn war, ja der Seefahrer.

Nach diesem Fang bin ich nie wieder nackt in den See gesprungen. Ich hatte die Hunderte von nach hinten gestellten, scharfen Zähne im Maul des Raubfischs gesehen und mir war nicht ganz klar, ob diese Fische genau wissen, welcher Köderfisch für sie bestimmt ist und welcher nicht.

Da es der größte Fang seines Lebens war, meine Schwester hat bestimmt über hundert Fotos geschossen, hat mein Schwager den Kopf des Hechtes präparieren lassen und ich habe diesen nach seinem Tod mit nach Süddeutschland genommen und einem Fischereiverein als Schmuck für dessen Vereinsheim übergeben. Als Pfannenfisch frisch von meiner Schwester zubereitet, hat der Hecht am nächsten Tag so um die 12 Gäste satt werden lassen.

Der Hanseat sei weltoffen, tolerant und jedem Thema zugänglich, so die Meinung meines Schwagers. Schließlich wohne er seit seiner Geburt am Tor zur Welt und dies verpflichte. Er hatte so Recht.

Ich habe dort unglaubliche interessante Menschen kennengelernt, Politiker aller Richtungen, Intellektuelle, Künstler und Designer, Industrielle, Reeder, Gründungsmitglieder der Grünen und dazwischen mein Schwager und meine wunderschöne Schwester mit ihren grauschwarzen Haaren, blitzgescheit.

Ich war sehr stolz auf meine Schwester und meinen Schwager.

Sie haben mir viele Tore geöffnet und viel vom Leben gezeigt, wie es geht und wie es nicht geht. Sie haben mich geprägt, mir viel Rüstzeug mitgegeben.

Hannelore und ich saßen hoch über dem angrenzenden See und redeten über unseren Glauben, über Gott und die Welt, dann absolute Stille und in diese Stille hinein sagt sie: „Ja, so nehme ich es entgegen“. Ich kann es nicht zuordnen, es passt nicht in unser Gespräch.

Fast bin ich ein wenig erschrocken, als Hannelore mir erklärt, dass gerade ein Engel neben ihr gestanden hätte und ihr das Zeichen gegeben hätte.

Sie erklärt mir, dieses Zeichen bedeute, dass sie sich langsam fertigmachen solle, zur Reise ins wundervolle Licht. „Keine Angst“ sagt sie mir, „niemand muss sich fürchten“.

Wir umarmten uns liebevoll und meine inneren Gefühle waren so glückselig und gleichzeitig ängstlich, wie nie zuvor. Gott sei Dank kannte ich die Konsequenzen dieser Begegnung noch nicht, konnte diese nur leise erahnen.

Beim Frühstück am nächsten Morgen sagten wir zu einander, dass wir alles einfach so hinnehmen wollen, so ist es!

Nach fast 20 Jahren Gesprächen und Besuche, mein Schwager war zwischenzeitlich verstorben, eröffnete sie mir einige Zeit später, dass sie an Krebs erkrankt sei.

Sie kämpfte und suchte nach Chancen. Ich konnte sie bestärken. Mehrmals war sie stationär in antroposophischen Kliniken und Einrichtungen in Süddeutschland und ich konnte sie häufig besuchen, etwas teil haben an ihrer Zeit, meiner Schwester Liebe, Zuversicht und Hoffnung geben, zurückgeben.

Viele Jahre später war ich mit meiner Familie mit dem Wohnmobil im Schwarzwald unterwegs. Dort gab es stillgelegte Bergwerke mit Abräumhalden, groß wie ein Haus.

Die Kinder hatten jeder einen Hammer und klopften Glitzersteine, die „Diamanten“ für arme Leute, wie ich sie immer nannte, frei.

Für die Kinder war es Abenteuer pur, sie arbeiteten stundenlang, für uns Eltern sehr erholsam.

Mit einem Messer schnitt ich kleine Löcher in ihre selbstgeschnitzten Wanderstöcke und drückte dort die „Diamanten“, die Mineralsteine rein.

Jeder wollte natürlich den edelsten und schönsten Wanderstock haben und es kam, wie es kommen musste, ich habe mir ordentlich in die Hand geschnitten und blutete reichlich, ein Problem!

Auf dem Rückweg zum Wohnmobil kamen wir mitten im Wald an eine Kreuzung und sahen ein Schild mit einem Roten Kreuz darauf. Kurz darauf standen wir am Eingang einer Klinik, in der meine Schwester vor vielen Jahren behandelt wurde und ich sie oft besucht hatte.

Ich konnte gerettet werden.

Ab und an erzählen meine Kinder, dass es ihnen früher peinlich war, wenn wir gemeinsam in der großen Stadt waren. Ging nämlich ein Fußgänger vor unseren Augen bei Rot über die Ampel, wussten die Kinder, jetzt greift der Papa ein.

Mit meiner kräftigen Stimme sang ich oft quer über die Kreuzung ein Lied aus meiner Arbeit mit Behinderten (Melodie Inge Lotz, Text Rolf Krenzer) und das ging so:

Grün heißt gehen, grün heißt gehen, wenn wir an der Ampel stehen, zeigt die Ampel aber Rot, bleibe stehen, sonst bist du tot.

Die Reaktion der Rot Geher war unterschiedlich und oft lustig. Ich denke, wir sollten den Kindern das gute vormachen, Vorbild sein, in der Regel machen sie es nach.

In der Eurythmie und in der Maltherapie konnten meine Schwester und ich gemeinsam herzhaft lachen, uns erfreuen und Geschichten von früher erzählen.

Als es keine Hoffnung mehr gab, vereinbarten wir, dass wir uns zweimal im Monat in Hamburg treffen wollen, um ihr mit meinem von Natur aus vorhandenen Frohsinn etwas Freude zu bereiten.

Mein großer Vorteil im Leben, so sagte sie oft zu mir, dass mein Lebensglas immer halbvoll sei und ich mit den Engeln gut könne.

Unser Plan war, dass ich für meine Schwester in dieser für sie schweren Zeit etwas von dem zurückgeben wollte, was sie mir in vielen Jahren geschenkt hatte und was mich sicher geprägt hat.

Sie wünschte sich frei erzählte Märchen, alle immer mit einem guten und liebevollen Ausgang. „Wie früher in unserer warmen Wohnküche an langen Winterabenden.

Einmal sagte sie zu mir: „Siehst Du den Engel an der Türe stehen?“. „Ja, sagte ich, der steht bei allen unseren Gesprächen hier“.

Für mich war es immer ein ganz besonderes und angenehmes Licht.

Keine Erklärungen, keine Worte dazu gab es zwischen uns, blindes Verstehen und dies zeigte mir die Besonderheit, das Außergewöhnliche an meiner Schwester.

Wieder waren unsere Wochenenden voll von Gesprächen ohne jegliches Tabu. Oft haben wir nicht einmal bemerkt, dass es tiefe Nacht war, nur noch die Kerze, wir haben jeden Abend zu Gesprächsbeginn eine entzündet, flackerte.

Wenn ich am Sonntagnachmittag wieder im ICE saß, Richtung Süddeutschland fuhr und nachdachte, stellte ich erstaunt fest, dass meine Schwester eigentlich mir Trost und Kraft gab und nicht, wie wir es geplant und vorhatten, umgekehrt.

Ein Phänomen, welches mir in meiner Hospizarbeit sehr häufig begegnete, das die „Gehenden“ sich mehr und große Sorgen um ihre „Bleibenden“ machten, sich noch intensiv kümmern, sich die wichtige Frage stellen, kommen die auch mit allem zurecht, wenn ich nicht mehr bin?

Ich musste weinen und wollte meine Schwester nicht verlieren. Sie strich mir über meine Haare, tröstete mich. Bis zum heutigen Tag spüre ich ihre Nähe, welche sie mir in diesen Stunden durch ihr Versprechen gab, immer bei mir sein zu wollen.

Sie schlief im Kreis lieber Freunde ruhig ein und ich bewahre ihre Briefe auf, bin in guten Gedanken oft bei ihr. Ich hole mir

Rat bei ihr. Oft fallen mir spontan Begebenheiten und Erlebnisse mit ihr ein und wir sind miteinander verbunden.

Auf einem Regal in meinem Wohnzimmer steht seit vielen Jahren eine handgeschriebene Karte von ihr:

Tu still dein Werk und gib der Welt, allein von deinem Frieden und hab dein Sach auf nichts gestellt und niemanden hienieden!

Christian Morgenstern (1871 – 1914)

Einer meiner Lieblingsfilme ist der Western „Weites Land“ mit Gregory Peck und Jean Simmons. Dort zeigt Gregory Peck eindrucksvoll, wie dieser Spruch geht. Gar nicht so einfach und ohne Fritz würde ich es wohl kaum schaffen.

Kein Tag vergeht, ohne dass ich diesen Spruch lese, ihn versuche, zu leben und ich denke dabei immer an meine große Schwester. Sie ist bei mir und ich spreche häufig mit ihr.

Das wird ein Wiedersehen in Freude.

BEGEGNUNG AM FELDKREUZ

Als Koordinator und Palliativ Care Fachkraft einer Hospizgruppe mit fast 60 ehrenamtlichen Sterbebegleitern mache ich nach einem Anruf eines Pflegeheimes, des Krankenhauses oder eines Familienangehörigen immer den Erstbesuch um mit allen Beteiligten zu besprechen, was zu leisten ist und was vor allem der Sterbende möchte.

Danach überlege ich mir, wer wohl am besten zu ihr, zu ihm passt und rufe dann unsere Hospizler an und organisiere die gewünschten und passenden Begleitungen.

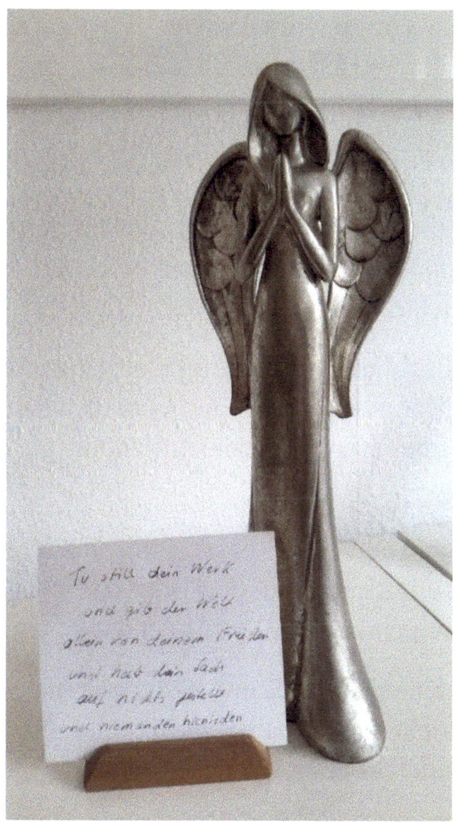

So auch vor ein paar Jahren, als eine Schwester aus einem Pflegeheim anrief und um unsere Hilfe bat. Am gleichen Tag treffen am Bett des über 90jährigen Mannes eine Tochter und ein Sohn ein, die Krankenschwester und ich.

Wir besprechen gemeinsam unsere Besuche an welchen Tagen und zu welcher Zeit, auch ganz konsequent nach den Wünschen und Vorgaben des zu Begleitenden.

Dabei erinnere ich mich an einen Mann, um dessen Bett mehr als zehn Familienangehörige und ich standen. Besonders an zwei Fragen des Mannes an die ganze Runde:

„Möchtet ihr, wenn es einmal soweit mit euch sein wird, immer jemanden an eurem Bett habe“? Und:

„Wann, bitteschön soll ich unbeobachtet in meiner Nase bohren“?

Die Familie, alle umstehenden schauen betreten und schweigend auf den Boden. Wenn es mir passend erscheint, erzähle ich diese kleine Geschichte.

Zurück ins Pflegeheim und unserer Begleitung. Ein sehr humorvoller alter Mann, des weiteren Lebens überdrüssig, wie er selber sagt und wir kommen trotzdem gut ins Gespräch, verstehen uns.

Ich erzählte ihm auf seine Fragen hin, auch von den Engeln, diesem Buch und zeigte ihm den Brief, welcher hundertfach im Deutschsprachigen Raum von mir versendet wurde.

Heute höre ich noch seine Stimme, die mir fragend und kraftvoll mitteilte: “Möchten Sie meine und meines Bruders Geschichte hören?“: „Vielleicht passt unsere Geschichte“!

Natürlich und sehr gerne möchte ich seine Geschichte hören.

In 1944 war er auf Heimaturlaub und erfuhr von seinen Eltern, dass sein jüngerer Bruder, gerade einmal 19 Jahre alt, überraschend zur Wehrmacht eingezogen wurde.

Er erzählte, dass er ein ganz besonderes und liebevolles Verhältnis zu seinem kleinen Bruder hatte, mehr als die anderen und älteren Geschwister.

In ärmlichen Verhältnissen sind sie aufgewachsen, dennoch waren sie zufrieden mit ihrer kleinen Landwirtschaft, dem kargen Boden.

„Viel Steine gab es und wenig Brot“, ein geflügelter Satz hier auf und um die Schwäbische Alb.

„Ich habe immer auf ihn aufgepasst, dass ihm nichts passiert“. „Als ich in den Krieg musste, mich von ihm verabschiedete, war er gerade mal 14 Jahre alt“. Hinter der elterlichen Scheune haben wir uns in den Arm genommen, damit es niemand sieht, unsere Herzlichkeit und die Tränen.

Als der Krieg zu Ende war, ich mit viel Glück und Begleitung meiner Engel gesund zu Hause ankam, warteten wir auf meinen Bruder über ein Jahr und bekamen dann die schreckliche, oder gute Nachricht

vom Roten Kreuz, dass er in der russischen Gefangenschaft irgendwo in den Weiten Sibiriens lebte.

Ein Brief hat mich noch erreicht, ein Brief voller Glaube, Liebe und Hoffnung. So war er, mein kleiner, starker Bruder.

Ich fasste einen Entschluss, sozusagen ein Versprechen, einen Schwur.

Ab dem 01. Januar 1947 legte ich an unserem gemeinsamen Lieblingsplatz jeden Tag einen Stein aus dem Feld ab. Dies wollte ich täglich tun, bis er wieder nach Hause kam, 365mal im Jahr.

In 1951, der Steinberg für meinen Bruder nahm schon eine beträchtliche Größe an, ging ich zwischen den Feldern und kam an ein Feldkreuz, welches dort schon seit meinen Kindertagen und länger stand.

Meine Gedanken schweiften in eine Zeit zurück, gingen zu meinem Bruder und ich fing an, für ihn zu beten, dass er gesund nach Hause kommen möge, dass die Russen anständig zu ihm sind, dass er genügend zu Essen und zu trinken, sowie warme Kleidung hat.

Meine Gebete waren laut, sehr laut. Ich wollte gehört werden, dachte mir, dass in dieser Zeit wahrscheinlich viele Gebete bei Gott ankommen werden und er reichlich zu tun hätte, ein leises Gebet vielleicht untergehen würde.

So vertieft in meine Bitten bemerkte ich nicht, dass ganz in meiner Nähe eine alte Frau stand und mir zuhörte. Als ich mich umdrehte, sie sah, erschrak ich und fragte sie, ob sie mich schon lange beobachtete, es war mir auch ein wenig peinlich.

Sie überhörte mich einfach. „Bist Du der Mann mit den vielen Steinen"? fragte sie.

Vollkommen verdutzt habe ich diese Frau angesehen und sie merkte die Frage in meinem Gesicht.

„Verliere niemals die Hoffnung, den Glauben und die Liebe, alles wird gut" sagte sie und ging ihrer Wege.

Ich kannte sie nicht, habe sie niemals wiedergesehen, habe aber trotzdem ihren Rat befolgt, sie hat mich bestärkt.

Wir haben dem Bundeskanzler Konrad Adenauer dreimal geschrieben und waren immer der festen Überzeugung, meinen Bruder eines schönen Tages wieder in die Arme schließen zu können.

Im November 1955, über 10 Jahre nach Kriegsende fuhren zwei meiner Geschwister und ich nach Herleshausen bei Marburg. Dort, so das Deutsche Rote Kreuz in einem Brief an meine Mutter, sollte mein Bruder mit einem der letzten Gefangenenzüge aus der Sowjetunion ankommen.

Die Mutter bekam vor lauter Freude und Aufregung über dieses Wunder, wie sie immer wieder vor sich hin sagte, große Herzprobleme und musste zuhause bleiben.

Meine Geschwister und ich lernten sogar den berühmten Pfarrer Rudolf Maares kennen, der unermüdlich wohl fast jeden Ankommenden persönlich mit Handschlag begrüßt und willkommen geheißen, viele auch getröstet hat.

Es müssen tausende Menschen gewesen sein, Ehefrauen, Kinder, Mütter, dazwischen Reporter, Kameraleute, Musikkapellen, Neugierige und, und, und.

Da ich sehr aufgeregt und aufgewühlt war, ständig nach meinem Bruder ausschauend, kann ich es weder beschreiben, noch im Detail darüber erzählen, was sich abgespielt hat, als der Zug in den Bahnhof einfuhr und schließlich hielt.

Ich kann mich nur noch an das Wort HEIMAT erinnern, welches mit Kreide oder weißer Farbe an einem Waggon geschrieben war.

Nie mehr in meinem Leben habe ich so viele Menschen weinen sehen, Freudentränen, aber eben auch Trauertränen.

Wir hielten ein Schild mit dem Namen meines Bruders hoch. Dies wurde allen angeraten, man sagte uns, dass wir sonst unsere eigenen Angehörigen nach dieser langen und entbehrungsreichen Zeit nicht mehr erkennen würden. Die Freude von uns allen war unbeschreiblich, die Umarmungen wollten nicht mehr Enden.

Unsere Mutter hat dies leider nur zwei Wochen überlebt, konnte ihren jüngsten Sohn noch liebevoll drücken, begrüßen, ihm sogar mehrere Lieder vorsingen, ihm mehrmals noch sein Lieblingsgericht Linsen mit Spätzle und Saitenwürste kochen, damit er wieder etwas wird.

Wir haben sie gemeinsam zu Grabe getragen.

Mein riesiger Steinhaufen wurde von einer Schotterfirma gerne genommen und abgeholt.

Ich habe meinem Bruder von der Begegnung mit der alten Frau berichtet und es war für uns beide kein Wunder, dass er in Sibirien ebenfalls von einer sehr alten Frau bei einem Straßenbauprojekt einen Becher Wasser bekam und sie ihm sagte: "Behalte Deine Hoffnung und deinen Glauben". „Wenn du wieder zuhause bist, denke daran, überall gibt es solche und solche Menschen".

Vor wenigen Jahren ist mein jüngerer Bruder gestorben und wir waren uns immer einig, es waren noch schöne und glückliche Jahre, die wir erleben durften.

Einen gemeinsamen Ruf wollten wir noch loswerden und vielleicht ist hier, lieber Eduard eine gute Gelegenheit.

LIEBE MENSCHEN, MACHT NIE WIEDER KRIEG. ES FÜHRT ZU NICHTS UND BRINGT NUR LEID ÜBER ALLE!

Ich habe diese Geschichte, die mein Leben in einem hohen Maße bestimmt hat, nie jemand erzählt, weder meinen Kindern noch den Enkeln und Urenkeln, sie immer in meiner Seele, in meinem Herzen spazieren getragen, den himmlischen Kräften dafür gedankt.

Nun habe ich mit Eduard vereinbart, dass er sie auf ein besonders wertvolles und dickes Papier schreiben lässt. Ein ehemaliger Schulleiter hat dies mit seiner schönen Handschrift übernommen. Würde man noch ein Siegel darauf anbringen, man könnte meinen, es sei ein Dokument aus vergangenen Zeiten vom Papst an den Kaiser, oder umgekehrt.

Mit meiner Unterschrift kommt diese Geschichte in Kuverts, der jeweilige Name drauf und jedes meiner Kinder und Kindeskinder bekommt sein persönliches nach meinem Sterben.

Zum Schluss bleibt mir noch, dem schönen und so positiv von Eduard geschilderten Buchprojekt alles Gute zu wünschen, dass es eine weite Verbreitung findet und liebevolle Wirkung hinterlassen möge. Danke, dass mir Eduard davon erzählt hat, dass ich den Brief erhalten habe und ein Teil davon sein darf.

Nach einer Woche habe ich alles zur Zufriedenheit des alten und lebenssatten Mannes getan und mich mit den Worten von ihm verabschiedet:

"Herzlichen Dank, alles Gute und es war mir eine Freude und Ehre, Auf Wiedersehen"!

„Mein Engel wird mich zur rechten Zeit abholen und ich treffe meinen Bruder wieder“, war seine Erwiderung und so geschah es dann wenige Tage später.

Zu dieser Geschichte gibt es noch einen schönen Nachtrag.

Vor kurzem habe ich Post von einem der erwachsenen Enkelsöhne erhalten. Gespannt öffnete ich den Umschlag, eine sehr schön gemachte Hochzeitsanzeige kommt mir entgegen und ein handgeschriebener Brief.

In Auszügen gebe ich diesen hier wieder. Der junge Mann bedankt sich im Namen seiner großen Familie für den schriftlichen Nachlass von seinem Opa und schreibt, dass vor allem bei Familienfesten alle ihren wertvollen Brief in der Hand halten.

Weiter erzählt er, welch wunderbare Frau er nun bald heiratet und diese eine schöne Idee hatte.

Sie brachte eines Tages eine uralte Geschichte mit und schlug vor, diese in ein Behältnis zu geben und zum Gedenken an Opa und seinen Bruder hinter dem Feldkreuz zu vergraben, falls die ältere Frau nochmal vorbeikommt.

Im letzten Jahr, nach der Taufe eines Urenkels von Opa haben wir im Kreis von über 20 Angehörigen diesen Brief hinter dem Feldkreuz in die Erde gegeben. Es war sehr feierlich und berührend, schreibt der Enkel.

„Die Geschichte lege ich Ihnen anbei und wünsche viel Freude damit.“

Das Kreuz und die Christen erforschte ich landauf, landab. Er war nicht am Kreuz. Ich ging in den Tempel der Hindus, zur alten Pagode. Ich fand dort kein Zeichen von ihm.

Im Hochland von Herat wanderte ich und nach Kandahar. Ich schaute mich um. Nicht auf der Höhe, noch auf der Ebene sah ich ihn.

Entschlossen besteige ich den Gipfel des (sagenhaften) Berges Kaf. Dort fand ich nur die Wohnstatt des legendären Vogels Anga.

Ich ging zur Kaaba nach Mekka. Er war nicht dort. Ich fragte Avicenna, den Philosophen nach ihm. Er war jenseits Avicennas Fassungsvermögens.

Ich schaute in mein eigenes Herz. Dort, an seinem Platz, entdeckte ich ihn. Er war an keinem anderen Ort.

Dschalaladin Rumi

Oft werde ich gefragt, ob es für uns nicht sehr schwer sei, Sterbebegleitung, Trauernden beistehen, das Leid und den Schmerz zu sehen und ich sage immer voller Überzeugung:“ Ich bekomme mehr, als ich gebe.“

MUTTER

Meine Mutter ist zwei Jahre nach meiner Schwester für immer gegangen, am Geburtstag meiner Tochter.

Mit ihrer Liebe zu ihren Kindern bleibt sie für mich unvergessen. Sie gab von dem wenigen, was sie hatte, noch was ab. Es fand sich immer jemand, der weniger hatte und versorgt werden musste.

Wir waren in den fünfziger Jahren, wie viele andere in dieser Zeit autark, Selbstversorger. In unseren Gärten ernteten wir Gemüse, Kartoffeln, Salate und Blumen zur Lebensfreude.

Samstags wurden mein Bruder und ich mit Taschen losgeschickt, um anderen zu helfen, denen eine Freude zu bereiten, die weniger hatten als wir. Jahre später habe ich meine Mutter oft das „Christliche Hilfswerk“ genannt. Sie zeigte uns Kindern auf eine einfache Art und Weise das Prinzip der Nächstenliebe.

Sie hat in vielerlei Hinsicht den Grundstein für mich gelegt und ist verantwortlich dafür, dass ich mich mein Leben lang und gerne ehrenamtlich engagierte.

Ich höre sie heute noch sagen „Gott hat uns alle Gliedmaßen geschenkt, sorgt für uns, es geht uns gut, also sind wir in der Pflicht, auch etwas Gutes zu tun“.

So denke ich, bleibt ein Mensch lange Zeit unvergessen und in liebevoller Erinnerung.

In meinem Herzen, so sagte ich oft zu ihr und sie hörte es gern, habe ich eine Kathedrale für meine Eltern gebaut und darin Kerzen der Liebe für sie entzündet.

Erzähle ich meinen Kindern und Kindeskindern von meiner Mutter ist das erste, was mir in den Sinn kommt, ihr liebevoller Blick, ihre wunderschönen, dunklen Augen und ihr Lächeln.

Lächeln macht schön und hält einen jung. Ich hatte eine schöne Mutter und meine Liebe zu ihr ist bis heute ungebrochen.

1972 habe ich ihr zum 60. Geburtstag so in etwa geschrieben und auch dieser Brief landete in ihrer großen, alten Bibel.

Als ich mich von meiner lieben Mutter verabschiedete, habe ich diesen Brief in ihren Sarg gelegt, damit sie unterwegs etwas Schönes zum Lesen hat.

In meinen Jahrzehntelangen Ehrenämtern in Vereinen, im Sozialen und schulischen Bereich als Elternbeirat, den Krankenhaus Besuchsdienst, der Sterbe- und Trauerbegleitung, habe ich diesen geflügelten Satz „Lachen macht schön und hält jung“ häufig gehört und auch bestätigt gesehen.

So möchte ich den Menschen, den Damen und Herren das Lachen ans Herz legen, es lohnt, in jeder Beziehung.

Bei meinen vielen Besuchen bei Senioren, noch viel älter als ich, fällt mir dies immer wieder auf. Ich behaupte sogar, dass ich sofort erkennen kann, ob mein Gegenüber in seinem Leben viel gelacht hat. Diese Menschen sind länger schöner. Ganz nebenbei bemerkt, es trifft auch auf junge Menschen zu.

Jede Menge Hyaluronsäure drin, große Wirkung und kostet nichts.

Vor ein paar Tagen war ich in einem unserer Seniorenhäuser zu einem Erstbesuch bei einem weit über 90jährigen Mann. Er kann nicht mehr sprechen und er macht sich langsam auf seine Reise.

Als ich das Haus verlasse, treffe ich auf eine elegante Dame mit ihrem Rollator.

Ich kenne sie seit mehreren Jahren und begrüße sie, wie immer mit einem freundlichen Lächeln, sage ihr, dass sie einen hübschen Hut aufhabe. Als Antwort kommt mit einem ebenso freundlichen Lächeln:“ Danke, junger Mann“.

Bedenke, ich bin 67 Jahre alt!

Meiner Mutter Eltern Katharina und Philipp der Seefahrer waren, obwohl ich sie nie persönlich kennen lernen durfte, durch ihre Erzählungen immer präsent und mir wohlbekannt.

Als viele Jahre später mein ältester Sohn seinen Dienst auf Deutschlands bekanntesten und größten Segelschulschiff antrat, war meine verstorbene Mutter die erste, der ich`s erzählte.

Als Familienangehörige waren wir mehrmals zur Besichtigung des Großseglers am jeweiligen Hafengeburtstages nach Hamburg eingeladen.

Beeindruckend war dann die Windjammerparade mit den über tausend Segelschiffen, von klein bis ganz groß, dazwischen die weltberühmten Segelschulschiffe „Gorch Fock“, die „Amerigo Vespucci“, die „Sedov“ und viele andere.

Einmal haben wir am Elbestrand in stundenlanger Arbeit große Steine mit dem Namen unseres tapferen Seemannes und den Schiffsnamen zusammengefügt, ein Fernsehteam aus einem Hubschrauber hat unser Kunstwerk aufgenommen und es wurde gesendet.

Meine Mutter und ihr Vater, Philipp der Seefahrer, waren in der lichtvollen, geistigen Welt, wie ich den Himmel unserer Seelen nenne und von meiner lieben Freundin Jana gelernt habe, ganz berührt und voller Freude.

„Opa Phillip“

Unsere Umgebung, mein Aufwachsen, mein Leben war immer von hoher Spiritualität geprägt, was ich als sehr angenehm und schön empfand.

Eines meiner Kinder wird später einmal die für mich so wertvolle und wunderschöne Seemannskiste mit ihren Schubladen,

Geheimfächern, versehen mit Eisenbeschlägen- und Griffen von meinem Opa und Seefahrer Philipp erhalten.

Sie steht restauriert, seit vielen Jahren in meinem Wohnzimmer und hält die Erinnerungen an die Progressiven Gedankensegler in meiner Familie wach, zeigt uns einen Weg des Mutes, der Beherztheit, der Zivilcourage und der Nächstenliebe.

Auch mein Schaukelpferd aus den 50 er Jahren, von meinem Vater eigenhändig restauriert und bemalt, steht bereit zur Weitergabe.

Solange ich denken kann, war meine Mutter krank, hatte oft Berührungen mit dem Tod. Hat sie mir davon erzählt, wurde ich grantig, aus Angst, die geliebte Mutter früh zu verlieren.

Heute, selber älter geworden und mit entsprechenden gravierenden Erfahrungen ausgestattet, bitte ich meine liebe Mutter um Nachsicht und Entschuldigung, gehe mit meiner Angst und den Ängsten meiner Mitmenschen ernst- und gewissenhaft um und rede diese nicht klein.

Seit meinem Schlaganfall in 2005 und der Herzoperation 700 Tage später, klopft zwei- bis dreimal im Monat etwas an meine Seele, alle Alarmglocken fangen an zu läuten und ich habe das Gefühl, jetzt und heute sterbe ich, kann nichts dagegen tun.

Ich fange an zu beten, rufe leise nach Fritz, bitte um Hilfe, bin hin- und hergerissen, weil ich weiß, ich habe ja eh schon so viele Jahre geschenkt bekommen und es mischt sich auch noch lustiges dazwischen, weil ich darum bitte, dass ich nicht auf mein Gesicht falle, also muss auch noch in dieser prekären Situation ein Pfund Eitelkeit in mir sein.

Ich lege mich in mein Bett, mein Schutzengelbild aus Kindertagen über mir und oft, sehr oft spüre ich die Nähe von Fritz, manchmal sogar seine Berührungen.

Ein Frieden, eine Ruhe kehrt ein und ich schlafe ein.

Wache ich auf, orientiere ich mich erstmal in meinem Schlafzimmer.

An der Wand, neben meinem Bett steht ein besonderer Schrank, besonders deshalb, weil er keine einzige Schraube in sich hat, lediglich gesteckt ist, ein altes Erbstück meiner Großeltern mütterlicherseits. Sehe ich den Schrank denke ich, ok, nicht schlecht, ich lebe noch und freue mich.

Später, nehme ich an, brauchen wir ja keinen Schrank mehr, in der lichtvollen, geistigen Welt.

Vor Jahren hat mir mein Arzt Tabletten gegen diese nicht enden wollende und von mir nicht bezwingbare Angst gegeben und ich bin ein wenig stolz, dass ich die Packung bis heute noch nicht angebrochen habe.

Eines meiner Ziele ist es, dass ich dies bis zum Ende meiner Tage und mit Hilfe meines Schutzengels beibehalten kann.

Wenn es ganz schlimm wird, fährt mich ein Familienmitglied in unser Krankenhaus und die Maschinerie und dies meine ich nicht negativ, tritt in Gang. Mein Blutdruck wird gemessen und zu diesem Zeitpunkt trotz eingenommener Medikamente, sehr hoch, mein Puls zeigt Werte während einer sportlichen Betätigung. Ich liege in der Notaufnahme, rufe leise nach Fritz und dann wird es mich herum immer ruhiger, friedlicher.

Das Personal in der Notaufnahme, die Ärzte und Schwestern tun mir dann leid. Ich sehe ihnen an, dass sie mir helfen wollen und es geht nicht.

Bitte, verzeiht mir und ich erinnere mich an gleiche Begebenheiten mit meiner lieben Mutter.

Mit den Ärzten, mein langjähriger Hausarzt und mein Neurologe, beides liebe Freunde, die den Humor mit mir teilen, teile ich auch die Gleichung – bei maximal 3 schlechten Tagen im Monat, bleiben nach Adam Riese noch 27 gute Tage übrig, nicht schlecht.

Für die von Ängsten jedweder Art Betroffenen sind sie oft unüberwindbar und ich möchte euch deshalb freundlich ans Herz legen, kommt jemand zu euch, ob klein oder groß, jung oder alt und bringt den Mut auf, euch zu sagen: „Ich habe Angst", dann:

Zeige Verständnis, höre aufmerksam und schweigend zu und legt eure Hände ineinander. Oder wenn es gewünscht wird und bitte nur dann, sprecht mit dem Chef oder auch mit dem für euch zuständigen Engel.

Es hilft einem traurigen Menschen eben nicht, ihm zu sagen: "Du brauchst nicht traurig zu sein", oder „Alles wird gut", oder gar „Zeit heilt alle Wunden", „du musst loslassen"!

Es hilft einem angsterfüllten Menschen eben nicht, ihm nur zu sagen: „Du brauchst keine Angst zu haben, ich bin ja bei dir".

Ich spreche oft mit meiner Mutter, erzähle meine damaligen Gründe, von meinem Leben, und bitte um Ratschläge. Ein sehr guter Kontakt und es folgt immer eine Antwort.

Es ist halt meine geliebte Mutter.

Wenn wir allein waren hat sie mir oft mit leiser Stimme gesagt: „Überall, wohin ich gehe, ich habe immer das Gefühl, etwas ist an meiner Seite und manchmal spüre ich ganz leichte Berührungen“. „Sag es aber niemand“!

Wenn ich ihr von meinem Engel erzählte, nahm sie mich in den Arm, küsste meine Stirn und streichelte meine Haare. „Komm, mein lieber Eduard, wir wollen aus Freude und Dankbarkeit ein wenig weinen“.

Leider ist meine Mutter im Krankenhaus plötzlich verstorben und so nehme ich meinen letzten Besuch bei ihr, vier Tage vor ihrem Tod in meine Gedanken und trage es ihr ab und an vor.

Sie wünschte sich gerne, dass ich aus dem Gesangbuch ein paar Lieder nur für sie sang und dies hat sie dann später voller Stolz dem Krankenhauspersonal erzählt. Ich hatte schon erwähnt, dass meine Mutter im Lauf der Zeit leider in einigen Krankenhäusern sein musste und so war ich dort auch bekannt, als der Sohn von Frau Maass, der seiner Mutter zur Freude ihre Wunschlieder laut gesungen hat.

„Wer hat schon einen erwachsenen Sohn, der seiner Mutter in der Öffentlichkeit Kirchenlieder vorsingt“, „sich nicht schämt“, hat sie oft verschmitzt gefragt.

Im Krankenhaus hat sie mir erzählt, welchen Stolz und wohlige Wärme in ihr war, wenn ich als Teenager mit meinen Kumpels im Ort unterwegs war und auf meine Mutter und deren Bekannte und Freundinnen traf. Dass ihr jüngster Sohn sie mit einer Umarmung und einem Kuss begrüßte, in der Öffentlichkeit und auch noch vor seinen Freunden, hat diesen Stolz in ihr ausgelöst.

Gleiches darf ich heute dankbar von meinen erwachsenen Kindern spüren.

An diesem letzten Besuch habe ich ihr nach ihren Wünschen aus der Bibel vorgelesen und Lieder gesungen und habe alles in exakter und guter Erinnerung. Ich wundere mich etwas darüber, da schon über 30 Jahre seitdem vergangen sind.

So sehe ich auch heute in der Hospizarbeit ab und an in ein erstauntes Gesicht, wenn ich frage, ob ich etwas vorsingen soll.

Ich habe noch den restaurierten Kinderschlitten meiner Mutter von 1912 und manchmal stelle ich mir vor, wie sie jauchzend von ihren Eltern, eingepackt in ein dickes Schaffell durch den Schnee geschoben wird.

Ich möchte den Schlitten so beschreiben, dass er hinten und an den Seiten Lehnen hat und durch eine einzuhängende Vorrichtung an der Rückseite im aufrechten Gang geschoben und nicht gezogen wurde.

Aus der Erinnerung an ein Foto kann ich diese Beschreibung abgeben, denn die Schiebevorrichtung gibt es leider nicht mehr.

Mein nächstes Enkelkind wird in ein Lammfell gepackt und ich werde ihn, seit kurzem wissen wir, dass es ein Junge wird, bzw. ist, mit diesem Schlitten durch unsere Stadt ziehen. Im Herbst durften wir den neuen Erdenbürger bei uns willkommen heißen und welch ein schönes und aufgewecktes Kind wurde uns geschenkt. Ein lieber Freund und Fachmann hat den Schlitten derzeit in Bearbeitung und sorgt für die notwendige Stabilität, damit der Inbetriebnahme nichts mehr im Wege steht.

Meine Mutter hatte eine schöne und behütete Kindheit mit liebenswerten Eltern in schwieriger Zeit und daraus resultierte auch ihre Einstellung

EIN GUTES JAHR WIEGT SIEBEN SCHLECHTE JAHRE AUF

So stark geprägt, empfinde auch ich mein ganzes Leben als ein halbvolles Glas.

In einem Interview wurde ich von der Redakteurin gefragt, woher ich denn die Kraft für mein Leben, der jahrzehntelangen Sterbebegleitung und den anderen ehrenamtlichen Tätigkeiten, dem Beruf mit dem der Unterhalt verdient wird, hernehmen würde und ich habe mit hoher Überzeugung geantwortet, dass ich ein Sammler der guten Nachrichten bin, mich mehr und lieber mit den positiven Seiten des Lebens beschäftige.

Nach über 53 Jahren Beruf und über 67 Jahre gutes Leben bin ich mir ganz sicher, dass wir mehr gute Menschen und gute Taten auf unserer Erde haben, als das Gegenteil und dies soll uns tragen.

Mir hat auch die Werbekampagne einer weltbekannten Firma, welche ein Erfrischungsgetränk herstellen sehr gut gefallen.

Sie haben mal zur Weihnachtszeit empfohlen, mit einer großen Suchmaschine im weltweiten Netz nacheinander den Begriff LIEBE und dann HASS einzugeben.

Eindeutiger und klarer Sieger ist die Liebe.

ENGEL IM ISLAM

Die Engel im Islam sind Gott unterstellt und führen seine Befehle aus.

Ein muslimischer Freund, den ich dazu befrage erzählt mir, dass die Träger von Gottes Thron zu den größten Engeln gehören. Sie lieben die Gläubigen und bitten Gott um Vergebung ihrer Sünden.

Der Prophet, so mein Freund weiter und er ist bei dieser Aussage sehr konzentriert und beeindruckt, spricht über einen von Gottes Engeln:“ Der Abstand zwischen seinen Ohrläppchen und seiner Schulter entspricht einer Reise von siebenhundert Jahren!!!“ (Überlieferung Imam Abu Dawud)

Eine wunderschöne und faszinierende Vorstellung, die uns aufzeigen möchte, in welchen für uns Menschen kaum vorstellbaren Dimensionen sich die lichtvolle, geistige Welt abspielt.

Wenn ich als Kind von meinen Eltern hörte, sie mir von der Ewigkeit und der Unendlichkeit erzählten, hat es mich ständig beschäftigt, musste immer darüber nachdenken und erst als Erwachsener konnte ich diese Dimensionen beruhigt annehmen und mich damit zufriedengeben.

Dann zeigt er mir eine Stelle im Koran und übersetzt:“ Sie, die Engel, preisen Gott Tag und Nacht und lassen darin nicht nach“.

In unserer Hospizarbeit, der ehrenamtlichen Sterbebegleitung kommt es zwar noch selten, aber dennoch vor, dass wir zu einer Muslima, einem Muslim gerufen werden und von den Angehörigen bekommen wir erklärt, dass es Engel gibt, die in der Todesstunde die Seelen aus dem Körper nehmen. Dazu noch eine Stelle aus dem Koran 32 – 11.

Gott sagt:“ Sag, abberufen wird euch der Engel des Todes, der damit betraut ist, hierauf werdet ihr zu eurem Herrn zurückgebracht.“

Zum Schluss unseres Gesprächs sagt mir mein Freund noch, dass manche Engel um die Welt reisen, um Sitzungen aufzusuchen, in denen an Gott gedacht wird.

Also, da fühle ich mich ihm schon ganz nahe und sage ihm, dass es schön ist, ihn als Freund zu haben.

DIE SCHÖNE FRAU

Das Telefon klingelt und ich melde mich mit meinem Namen. Als mein gegenüber sich meldet, muss ich nachfragen: „Sind Sie wirklich der.......“?.

„Ja, natürlich und ich danke ihnen für den Brief, ihre Anfrage, etwas zu ihrem spannenden Projekt beizutragen“. „Können wir vertraulich sprechen? Sie sind es ja gewohnt, die Schweigepflicht einzuhalten“!

Dies kann ich zusichern und wir sprechen über eine Stunde, tags darauf nochmal über eine Stunde und vereinbaren dann unser persönliches Treffen in seinem Haus.

„Ich bin glücklich, dass ich das Erzählte schreiben darf, vertraulich, wie gesagt und aus verständlichen Gründen“.

Mein Gesprächspartner fackelt nicht lange und beginnt sofort zu erzählen.

Gerade mal 40 Jahre vorbei und während der Dreharbeiten zu einem Fernsehfilm, plötzlich Kurzatmigkeit, Panik und grausige Angst. Ich setze mich hin, höre die aufgeregten Worte der Crew und des Regisseurs nur noch in Bruchstücken, mir wird zeitweise Schwarz vor den Augen, höre Schreie – Notarzt.

Ich wache in der Klinik wieder auf, ein Arzt beugt sich zu mir, fragt mich nach meinem Namen und wann ich Geburtstag habe.

Am nächsten Tag erklärt mir der Arzt in ruhigen Worten, dass heute alle Untersuchungen stattfinden werden und ein Herzkatheter gelegt wird. Über meinem Kopf 3 große Bildschirme und ich Sehe und Spüre, was hier geschieht.

Es kitzelt in meiner Brust, in meinem Herzen. Was heute alles möglich ist, denke ich mir und bin plötzlich froh, hier zu sein.

Die vier anwesenden Menschen schauen, sprechen leise, ihr Gesichtsausdruck verheißt nichts Gutes.

Ich meine, ich sehe das, bin schließlich langjähriger Schauspieler und tatsächlich, der Sprecher der Gruppe kommt später in mein Krankenzimmer und teilt mir mit, dass ein oder mehrere Stents nicht möglich ist, ich muss in ein anderes Krankenhaus verlegt werden und bekomme mehrere Bypässe, keine einfache Sache, wie er mir sagt, aber schon tausendfach und erfolgreich durchgeführt.

Am gleichen Tag Verlegung in die Universitätsklinik, Gespräche mit dem Operateur, dem Anästhesisten, sie teilen mir auf Nachfrage auch die Risiken einer solchen Operation mit. Zum Schluss folgt eine Sozialarbeiterin und spricht mit mir über die Rehabilitation nach der Operation.

Da beginnt es bei mir zu arbeiten und ich denke mir, wenn die sich bereits jetzt Gedanken um meine Rehabilitation machen, gehen die auch davon aus, dass ich diese erreiche, also die Operation überlebe. Ich vergesse, oder verdränge, dass ein solches Gespräch mit jedem Patienten geführt wird.

Diesen, trotz alledem für mich glücklichen Umstand habe ich dann meiner Familie mitgeteilt und wollte mir fortan keine Sorgen mehr machen.

Ich konnte jedoch schlecht einschlafen und die Zweifel wuchsen. Am Morgen der Operation war ich wie gerädert und voller Angst. Ich wollte doch noch leben, meine Kinder heiraten sehen, vielleicht Enkelkinder hüten, noch viele Filme drehen, Freude und Spaß haben.

Hatte ich vielleicht zu wenig gebetet, war ich auch ein guter Mensch gewesen?

Zu spät!

Mein baumlanger Pfleger kommt in mein Zimmer, lacht mich positiv an, mit einem „jetzt geht's los" gibt er mir ein Medikament und schiebt mich dann mit meinem Bett durch die Gänge, in den Fahrstuhl, auch noch nach unten und dann gefühlte unglaublich lange Katakomben.

Für meine Begriffe fuhr er zu schnell, ich hatte nur ein dünnes Hemd an und fror, wie ein Schneider.

„So jetzt sind wir da" und wir waren wohl im „Vorraum zum Schaffott".

Ich lächelte gequält, denke mir, als Schauspieler machst du aus jeder Begegnung noch einen Filmtitel.

Mehrere Menschen waren in dem Raum und die Türe zum OP hatte ein Fenster wie auf einem Schiff, ein Bullauge.

An der Türe, dies fiel mir erst jetzt auf, stand eine sehr schöne, elegante Dame, schlank, großgewachsen, brünette Haare und sie trug, ich erkannte es sofort ein fliederfarbenes Chanel Kostüm, passende Handtasche, passende Pumps und um ihren schlanken Hals eine cremefarbene Perlenkette.

Ich dachte, komisch, alle haben einen weißen Mantel an, nur die Dame nicht und dann auch noch so edel gekleidet, welche Funktion hat sie wohl.

Mein Bett wurde an ihr vorbei geschoben, sie lächelte mich an, sagte meinen Vornamen und dann „Auf Wiedersehen, bis nachher".

Eine mir bis dato nicht bekannte Ruhe und ein Frieden in meinem Inneren kehrte ein und dann wurde ich mehrere Stunden operiert.

Alles wurde gut, nach meiner Rehabilitation habe ich einiges in meinem Leben geändert, bin gesund und guter Dinge.

Nach ein paar Monaten war ich wieder in der Klinik, ausgestattet mit wunderschönen Blumen und Pralinen der feinsten Sorten und bedankte mich bei allen.

Nur die Dame im fliederfarbenen Chanel Kostüm ließ sich einfach nicht finden, nicht nur das, die Beteiligten und Anwesende an diesem Tag konnten sich einfach nicht daran erinnern und schließen auch aus, dass jemand mit einem solchen Äußeren sich im OP Bereich aufhält bzw. sich aufhalten darf.

So bleibt mir nur die Annahme, oder jetzt die Gewissheit, dass es engelgleiche Wesen, ja Engel gibt, dies einer war und dann auch noch ein solch schöner, für mich extra in ein Chanel Kostüm geschlüpft.

Ich möchte Dir, lieber Eduard und nur Dir sagen, wenn dies unsere Aussichten sind, sage ich Danke. Ich danke für Deinen Brief, dass ich ein Teil dieses Buchprojektes sein darf und freue mich darauf, was kommt.

PRIVATKONZERT UND PUNKTSPIEL

Bin ich in Schulungen, Seminaren und auch privat unterwegs, versuche ich mir ein wenig Zeit, halt, stopp, ich versuche nicht, ich nehme mir die Zeit für eine spezielle Art meiner Meditation und für das Streicheln meiner Seele zu nehmen. Meist gelingt dies auch.

Am Ende meines Buches beschreibe ich die für mich gewählte Art des täglichen Gesprächs, des Gebetes der Meditation, meiner Weiterentwicklung, der Hilfe des täglichen Lebens, der Lösung persönlich für mich.

Ich besuche die nächste Kirche vor Ort, welche um diese Zeiten meist leer sind. Leicht zu finden, überragen sie mit ihrem Turm die meisten Häuser.

Probiert es mal aus, es ist eine ganz besondere Atmosphäre, sagen wir eine heilige Stille. Sozusagen mit dem Chef allein. Chef sage ich deshalb gern und meine dies auf keinen Fall despektierlich, weil ich einen fröhlichen und kindlichen Umgang mit meinem Schöpfer und seiner lichtvollen, geistigen Welt pflege. Da zitiere ich wieder gerne meine liebe Mutter.

„Wir sind gesund geboren worden, haben genügend zu essen und zu trinken, der Krieg ist vorbei“. „Also kein Grund, nicht fröhlich zu sein und mit einem Lachen zu danken“. Diesen Satz gab es in vielen Variationen.

Vor ein paar Monaten stand ich in unserem Supermarkt an der Kasse und die hübsche Kassiererin lächelt mich an, fragt mich, ob ich denn der Eduard Maass sei. Ich erinnere mich im Moment nicht und sie hilft mir auf die Sprünge.

In unserer Kirchengemeinde und in meinem Ehrenamt als Kirchengemeinderat habe ich unserem Pfarrer ab und an die Betreuung der Konfirmanden auf sein Bitten hin, abgenommen.

Die Kassiererin drehte beide Daumen zuerst ein paarmal vorwärts, danach rückwärts. Dazu sprach sie dann:“ Lieber Gott ich bin nicht dumm, denn ich kann auch anders rum“. „Wie vereinbart, haben wir dem Pfarrer nichts erzählt“.

„Das habe ich von Ihnen gelernt und zeige es heute meinen Kindern“. „Ich erzähle ihnen, dass ich es von Eduard Maass gelernt habe und wir mit Gott und unserem Glauben ruhig humorvoll umgehen dürfen“.

An der Kasse wurde herzhaft gelacht.

Allein im Gotteshaus setze ich mich ganz vorne in die erste Reihe, meditiere und bete, sage Danke, dass ich die Schönheit der Schöpfung Gottes sehen und erleben darf, dass ich, meine Familie, meine Kinder und Enkelkinder gesund sind, wir zu Essen und zu trinken haben, danke meinem Schutzengel, dass er Tag um Tag für mich da ist, mich behütet, ich ohne Groll und Zorn allen begegnen kann und trage dann meine Bitten vor.

Oft ist gerade die Organistin oder der Organist am Proben und dann wird es für mich traumhaft.

Ich mache mich bemerkbar, lächle und frage freundlich nach, ob ich zwei Lieder hören könne, ich würde dann gerne mitsingen und später dafür einen kleinen Obulus in den Opferstock werfen.

Verwunderte Frage:“ Um welche Lieder handelt es sich denn?“.

Antwort:“ Meine Hoffnung und meine Freude“, und „Vom Aufgang der Sonne“

„In dieser Reihenfolge?“. „Ja, in dieser Reihenfolge und jeweils 2mal hintereinander bitte“.

Das mächtige Instrument erklingt, mein Privatkonzert geht los und ich singe laut:

„Meine Hoffnung und meine Freude – Meine Stärke, mein Licht – Christus meine Zuversicht – Auf dich vertrau ich und fürcht mich nicht“. Und das gleiche nochmal!

Dann folgt das Lied, welches ich viele Sonntage, wir hatten uns immer zu Beginn im Kreis aufgestellt, gemeinsam mit den Kindern der Kinderkirche mit der vollen Begeisterung aller gesungen habe:“

Ein ortsansässiges Omnibusunternehmen fuhr an einem Sonntagmorgen über 40 Kinder aus unserer Gemeinde ins Krankenhaus und wir haben dort für die Patienten über den Hausrundfunk mehrere Lieder gesungen. Mit diesem Lied eröffneten wir unser kleines Konzert und beendeten es auch damit. Monate später hatte ich eine Dame am Telefon, die mir mitteilte: „Am Tag nach euerem Konzert, hatte ich eine schwere Operation und war deshalb sehr ängstlich“. „Nachdem Ihre Engel gesungen hatten, war alles viel leichter, Danke dafür“:

Vom Aufgang der Sonne, bis zu ihrem Niedergang – sei gelobet der Name des Herrn“ Und das gleiche nochmal, wobei der zweite Teil = sei gelobet….. mit rythmischem Klatschen begleitet wird und der Aufgang der Sonne symbolisch mit den Armen von unten nach oben und bis zu ihrem Niedergang eben umgekehrt gezeigt wird.

Ich bin jetzt gezählt bei über 50 Kirchen, quer durch unser Land, angelangt und alle gefragten haben immer zugestimmt und mit offensichtlicher Freude mitgemacht. Glaubt mir, es ist für mich ein wohliges Gefühl, es tut gut.

Dafür sage ich hier ausdrücklich DANKE!

Ein paarmal sind auch schon während meines Singens andere Besucher in die Kirche gekommen, haben sehr erstaunt geguckt, nie hat mich aber einer gefragt, was ich hier mache, warum ich ganz allein im Altarraum stehe und singe.

Da keine Kirche wie die andere ist, bekomme ich an jedem Ort ein anderes und wunderschönes Gefühl vermittelt. Alle Kirchen, egal ob groß oder klein, egal welche Religion und Konfession sind in mir dadurch noch immer präsent.

Also, liebe Organisten, wird Euch ein solcher Wunsch demnächst vorgetragen,

- ich bin es, oder und dies würde mich außerordentlich freuen, ein Leser dieses Buchs hat die Idee für so gut befunden, sie übernommen und mit diesen oder seinen Lieblingsliedern den Wunsch vorgetragen.

Nur Mut, du verbreitest kostenlos Freude und die Organisten und die Pfarrer freuen sich über solche Initiativen und besonderen Wünsche.

Das Gefühl, mit dem du an diesem Tag nach Hause gehst, abends in dein Bett gehst, es wird dich erfreuen und lächelnd einschlafen lassen, versprochen!

Als ich vor vielen Jahren mit meiner Familie beruflich bedingt an den Rand der Schwäbischen Alb zog, bekam mein jüngster Sohn im dörflichen Fußballverein sein erstes Trikot, seine kurze Hose und die kleinen Kickstiefel waren nahezu auf gleicher Höhe.

Herzlich aufgenommen engagierte ich mich in den Folgejahren, so gut ich konnte, half beim Wirten, organisierte lustige und manchmal sogar erotische Weinproben, war Beisitzer im Vorstand und half bei der Strukturreform für den Verein, wurde sogar bei den Spielern der

Alte Herren Mannschaft (AH) aufgenommen, obwohl mein taktisches Wissen und die Technik nicht überragend waren.

Verwunderlich, da mein ältester Bruder in den fünfziger Jahren zeitweise als Kicker in der Oberliga spielte, mein anderer Bruder ebenfalls auf gutem Niveau kickte. Ich denke, mir fehlte die gewisse Begabung, der strategische Durchblick für dieses Mannschaftsspiel. Dennoch träumte ich davon, einmal in einem Punktspiel mitmachen zu dürfen.

Meine Eltern haben mir diesen Sport untersagt, die Verletzungen meiner beiden Brüder hatten sie abgeschreckt und so blieb es halt beim Träumen davon.

Meinen Vereinskameraden erzählte ich von diesem Traum. Ich sollte ein Passbild abgeben und sie beantragten beim Württembergischen Fußballverband einen Spielerausweis für mich, da nur ein solcher zur Berechtigung, an einem offiziellen Punktspiel aufgestellt zu werden, führte.

Wir, damit meine ich unsere Aktiven Fußballer, hatten eine grandiose Saison in der Kreisliga B, der untersten Liga gespielt, waren quasi schon uneinholbar in der Tabelle an der Spitze, als mich an einem Freitag der Trainer aufforderte, zum kommenden, letzten Punktspiel der Runde am Sonntag gut trainiert, ausgeruht und in Sportkleidung zu erscheinen, er brauche mich dringend und erwäge, mich einzuwechseln.

Ich konnte das ganze Wochenende nicht richtig schlafen und war aufgeregt, tausend Gedanken schwirrten durch meinen Kopf, mein erstes Punktspiel stand an und bestimmt schaute mein großer Bruder aus der lichtvollen, geistigen Welt zu.

Ganz viele Zuschauer säumten den Sportplatz, jubelten bei meiner Einwechslung, für mich war es wie im Bundesliga Stadion.

Ich rannte wie ein Kugelblitz und unter Anweisung meiner Mitspieler über den Platz, spielte mit, so gut ich konnte und plötzlich, wenige Minuten vor Spielende pfeift der Schiedsrichter und zeigt auf den Elfmeterpunkt des Gegners.

Ich wähnte mich, wie gesagt in einem großen Stadion, als die Sprechchöre der Zuschauer im Rhythmus skandieren: „Eduard, Eduard, Eduard".

Der Trainer zeigt mir an, ich solle den Strafstoß schießen und ich laufe betend von der Mittellinie zum Elfmeterpunkt:

" Mein lieber Schutzengel, hilf mir, steh mir bei, unterstütze mich, lass es gelingen, der Ball muss in das Tor, das Runde muss in das Eckige".

Der Ball liegt bereits auf dem Punkt, Anlauf, Schuss und Tor.

Ich beendete sofort nach Spielschluss meine Fußballerkariere mit einem für mich grandiosen Ergebnis: Ein Punktspiel = Ein Tor!

Ich glaube, an diesem Abend flog im Vereinsheim mal wieder die Sau.

In diesem Vereinsheim, dem Hüttle, etwas außerhalb der Ortsmitte stehen Pokale aus mehreren Jahrzehnten, Bilder aus diesen Zeiten zeugen von sportlichen Erfolgen und Ereignissen.

Ein großes Mannschaftsbild und mein Spielerausweis hängen zu meiner großen Freude an der Wand, bis am vorvergangenen Heilig Abend aus ungeklärter Ursache, aber wahrscheinlich waren es böse Buben, leider durch ein verheerendes Feuer nahezu alles vernichtet wurde.

Wenige Tage zuvor war ich von einigen Kameraden und Freunden aus meinem Verein in einem tragischen Trauerfall um Hilfe gebeten worden und ich hatte zu dieser Trauerstunde meinen Engel aus Holz und Metall mitgebracht. Es war geplant, dass dieser Engel für unser gemeinsames trauern und im Andenken an den leider so jung verstorbenen Kameraden auf einem Tisch im Vereinsheim stehen bleiben sollte.

Der Engel hat das Großfeuer nahezu unbeschadet überstanden.

In naher Zukunft möchte der Verein mit seinen vielen Freunden alles wieder neu aufbauen. Ich werde mithelfen und hoffe, dass noch jemand ein Duplikat meines Mannschaftsbildes und meinem Spielerausweis auftreiben kann.

Ich weiß nicht mehr genau, wie oft ich von diesem einzigen Punkt- und Pflichtspiel, für mich einzigartigen Moment geträumt habe, wie oft die Gedanken daran während meiner Rehabilitationen mir weitergeholfen haben und wie viele schöne Stunden ich im örtlichen Kirchlein mit meinem Engel auch darüber sprechen konnte.

Aus diesem Dorf kamen dann auch die vielen Genesungswünsche für mich und ich denke, dort habe ich viele Seelenverwandte und Freunde gefunden und womöglich stammen Obelix und Asterix von dort.

DER VERKRÜPPELTE BAUM

„Lieber Eduard Maass“ ruft eine ältere Dame resolut ins Telefon und ein Wortschwall bricht über mich herein.

„Lange habe ich nicht mehr einen solch lieben Brief erhalten“. „Sie stufen mich als prominent und schön ein, aber meine Zeit ist längst um, ich bin nicht mehr schön, woher kennen sie mich überhaupt“?

„Ich bin weit über 80 Jahre alt und sie sind noch ein junger Mann“.

Ich bedanke mich für das schöne Kompliment und sage, dass ich erwachsene Kinder und bereits Enkelkinder habe und nenne mein Alter.

„Trotzdem, mein letztes Engagement liegt über 30 Jahre zurück“.

Ich: „Meine Eltern haben sie verehrt, in meiner Familie wurde über sie gesprochen, ich kenne Sie gut“.

Jetzt kann es losgehen, kann ich die Adresse des Seniorenhauses erhalten und darf ich zu Besuch kommen?

Zwei Wochen später bin ich da und als ich sie sehe, wie erschlagen.

Was kommt mir da für eine Dame von Welt entgegen. Hoch elegant und mondän, bei hochsommerlichem Wetter, mit sehr großem Hut, passenden, armlangen Handschuhen und schneeweißen Schirm, langes, weites Kleid mit großen, roten Rosen darauf. Eine wunderschöne Frau mit vielen Falten und mittendrin ein paar herrliche Augen in der Farbe des Meeres in der Karibik.

Beeindruckend und ich frage spontan, ob ich sie zur Begrüßung umarmen darf. „Warten Sie, wir gehen weiter nach vorne zu den Terrassen, da werden wir besser gesehen“.

Das wird ein gutes Gespräch, es ist meine Wellenlänge, meine Lebensart.

Sie sagt, dass sie nicht mehr gerne aus ihrer Vergangenheit erzählt, es sei vorbei, war schön, aber nicht besonders erwähnenswert.

Sie philosophiert, dass es im Leben auf anderes ankomme und sie meint damit eine Geschichte, die sie vor ein paar Jahren erlebt habe, auf keinen Fall Namen nennen möchte, sie hat es versprochen.

„Ich möchte gerne, lieber Eduard Maass, dass sie diese für mich wie die Mondlandung bedeutende Geschichte in ihrem Buch veröffentlichen, weil mir ihre Anfrage, Ihr schöner Brief sehr gut gefallen, mir imponiert hat“.

„12 Jahre ist es her, dass meine Ersparnisse aufgebraucht waren, keine neuen Engagements in Sicht, privates Fiasko nach gescheiterten Ehen und dann noch eine schwere Depression, da bleibt nicht mehr viel und ich habe den Suizid in Betracht gezogen“.

Während eines Spaziergangs am Seeufer, so erzählt sie, wollte sie sich Gedanken über das wie, über das technische machen und kam dabei an einem dreigeteilten Baum vorbei. Ein Blitzschlag hatte diesen zwei Jahre zuvor in den verkrüppelten Zustand gebracht.

Sie blieb an diesem Baum stehen und etwas drängte sie, den am stärksten vom Blitz getroffenen Teil zu umarmen, mit ihm zu sprechen, Verständnis für seine schlimme Verkrüppelung zu zeigen.

Ein Paar kam vorbei, sah sie, lachten und machten Witze über die alte Frau, die den lausigen Rest von einem ehemals stolzen Baum umarmte und wohl auch mit ihm sprach.

Es war ihr egal und da kam noch jemand des Weges. Sie konnte zuerst nicht erkennen, war der jemand weiblich oder männlich, bis er auf sie zukam.

Ein wenig verlottert sah er aus, unrasiert und sie glaubte, eine Alkoholfahne zu riechen.

„Sprichst Du mit dem Baum“? „Wenn Du Hilfe brauchst, rufe Deine beiden besten Freunde an und sag denen, was ansteht“.

„Wenn es richtige Freunde sind, helfen sie Dir“, sprach der Mann mit fester Stimme.

Zack, da war kein Widerspruch möglich, weil der Fremde einfach weiterging und aus ihrem Blickfeld entschwand.

Sie schilderte mir, dass sie ohne Umwege, klar im Kopf und ohne jegliche Ängste nach Hause ging, ihre langjährige Freundin, welche ihren Lebensmittelpunkt seit vielen Jahren in den Süden von Europa verlegt hatte, anrief und ihr das Geschehnis schilderte und dann auch gleich ihre momentane Situation erzählen musste, die Freundin bestand darauf.

Schon einen Monat später hat sich ein Freundeskreis um die finanzielle Situation gekümmert, ein Psychotherapeut betreut sie und sie fragt mich am Schluss ganz provokant: „Und, Eduard Maass, was sagen Sie jetzt“. Ich antworte: „Gnädige Frau, so läuft es halt im großen Plan“.

Finanziell wurde alles geregelt, es ist für alles gesorgt. Ein bis zweimal im Jahr kommen Anfragen und kleine Rollen, Werbung und sonstige Engagements nimmt sie gerne und dankend an.

Ich verabschiede mich an der gleichen Stelle der Terrasse, damit es auch alle sehen können.

„Möchten Sie gerne mein Freund sein"? ruft die Dame mir nach und ich drehe mich lachend um und rufe: „Von Herzen gerne"

Seither ruft die Dame, meine neue Freundin manchmal bei mir an und wir beschließen spontan eine lustige Kaffeestunde. „Der einzige hübsche Mann, der mich alte Frau noch besucht" und ich bin geehrt und tief berührt.

FUSSGÄNGERZONE

Am Frühstückstisch lese ich unter anderem in meiner Tageszeitung, dass nunmehr in unserer Klinik eine Stroke Unit Station (spezielle Pflegeeinheit zur Erstbehandlung von Schlaganfallkranken) eröffnet wurde.

Ich fühle mich nicht sehr gut, komisch im Kopf, aber in diesen Tagen nichts Außergewöhnliches für mich, ja fast schon normal.

Meine individuelle Situation in dieser Zeit und an diesem Maitag ist katastrophal. Wirtschaftlich gesehen bin ich am Ende der Fahnenstange, auf Hilfe von der Familie und lieben Freunden angewiesen, gesundheitlich in dünner Luft, mein Puls schlägt in ungeahnter Höhe und der Blutdruck erreicht Rekordwerte.

Meine Kräfte sind entschwunden und zum ersten Mal in meinem Leben macht sich kurz, aber nur kurz Resignation und Hoffnungslosigkeit in mir breit.

Wohl die Auswirkungen einiger Jahre Fahrt in Höchstgeschwindigkeit auf der Überholspur der Autobahn des Lebens.

Eine Situation, wie ich sie nicht kenne, noch nie erlebt hatte und daher auch schwer händelbar.

Da kommt die Bitte meiner Tochter gerade recht. Sie muss zu einem wichtigen Termin mit der Krankenkasse und ich soll für ein bis zwei Stunden meine Enkeltochter Chiara, gerade mal 8 Monate alt betreuen.

Diesen Dienst übernehme ich gerne, spüre ich doch in der Nähe dieses kleinen Erdenbürgers, meinem damals jüngsten Familienmitglied eine besondere Kraft und Energie, die hilfreich für mich ist, die mich glücklich sein lässt, mir wieder Hoffnung gibt.

In ihrer Nähe habe ich das Gefühl, die Sonne geht auf, neue Kraft, Gedanken und 70 Ideen machen sich breit, es geht wieder aufwärts mit mir, ich spüre es genau.

Vor der Krankenkasse in der Stadt übernehme ich den Kinderwagen und gehe in Richtung der Innenstadt.

Nach wenigen Metern gibt es in meinem Kopf, ich drücke es so aus, einen Vulkanausbruch, einen Tsunami, eine Implosion ohne Schmerzen und dennoch und deshalb sehr bedrohlich, komisch, ohne äußeren Einfluss, ohne Vorankündigung.

Es ist so massiv, dass ich, erschrocken, voller Angst und Ungewissheit mit dem Kinderwagen umkehre.

Es hört auf, ich drehe wieder, um meine Fahrt fortzusetzen. Nach 10 Minuten wiederholt sich das gleiche Spiel wieder und alles in mir widersetzt sich dem Gedanken, dies könnte etwas Schlimmeres werden.

Wieder zurück, wieder alles weg, nochmal einen Versuch. Später werde ich vielfach gefragt: „Warum bist du nicht umgekehrt, warum hast du niemand um Hilfe gebeten“. Warum? Warum? Ich weiß es nicht, habe keine Antwort.

Tief in meinem Inneren gibt es diese Frage nicht, die Antwort würde nichts ändern, da es die gleiche Situation nicht mehr geben wird. Dies wird mir besonders einige Jahre später klar, als eine bekannte Medizinerin bei meiner Weiterbildung zur Palliativ-Care-Fachkraft genau erläutert, dass kein Schritt, den wir im Leben mit unseren Füßen gehen, dem anderen gleicht, keiner der schon mal gegangen war, sich nochmal wiederholen wird – Beim genauen Nachdenken, sehr beeindruckend.

Meine Lokomotive neigt sich auf meinem Lebensgleis in eine Kurve, die Geschwindigkeit ist zu hoch und ich drohe zu entgleisen. So genau habe ich es empfunden und an dieser Stelle nur noch eine Chance gesehen – Beten, nach Fritz schauen.

„Lieber Schutzengel Fritz, lass mich stehen bleiben, beschütze mich, kümmere dich, denn Chiara kann noch nicht sprechen". „Wenn ich jetzt umfalle, ist es in jeder Beziehung sehr schlecht". „Hilf mir"!

Eine Bekannte ruft von weitem: „Hallo, Eduard". Ich kann jetzt nicht und bitte leise um Hilfe. Die Bekannte rauscht an mir vorbei und ruft: „Heute habe ich leider keine Zeit, beim nächsten Mal wieder".

Wenn ich auch ganz ehrlich bin, aufgrund meiner jahrelangen Tätigkeiten, meinen Erfahrungen in verschiedenen Pflegeeinrichtungen für Behinderte habe ich schon leise geahnt, was da auf mich zusteuerte, was mir blühte, will es aber nicht wahrhaben, verdränge es.

Etwas sehr Großes und nichts Gutes!

Plötzlich, von jetzt auf nachher tut sich eigenartiges. Bis zu den Oberschenkeln reicht mir ein dichter Nebel, darüber ist alles klar und deutlich. Ich bete weiter und weiter zu meinem Schutzengel, er möge mich behüten, bis meine Tochter wiederkommt.

„Lieber Fritz, zeig mir deine Nähe, berühre mich, ich bin in allergrößter Not, ich brauche deine Hilfe".

Alles um mich herum ist Trance, nahezu unwirklich und ich denke, dass ich aus dieser Nummer nicht mehr herauskomme. Ein wenig aber auch verlockend, wunderschöne Farben, angenehmes Licht, wohlige Wärme in der Brust.

Lust, zu gehen?

Sehr verwundert dachte ich mir, wenn jetzt Pink Floyd „Atom heart Mother" oder „Careful with that axe eugene" spielt, „Ommadawn" von Mike Oldfield erklingt, dann bin ich verrückt, nicht mehr da, wo ich glaubte zu sein.

Aber, nicht einlullen lassen, es ist nur noch eines wichtig, mein Enkelkind, so friedlich und nichts ahnend im Kinderwagen liegend.

Höflich, aber bestimmt bitte ich immer und immer wieder meinen Schutzengel darum, dass ich stehen bleiben darf, gar noch erleben darf, ich erweitere also gleich meine Bitten, wenn Chiara spricht und gehen kann.

Ich bekomme unsäglichen Durst und versuche in verschiedenen Geschäften eine Apfelsaftschorle zu bekommen.

Es gibt Probleme, da ich auf gar keinen Fall den Kinderwagen loslassen werde, nicht mal mein Handy aus der Hosentasche ziehe und wie ich später erfahre, eben auch schon sehr undeutlich spreche.

Komisch, dass mich diese spezielle Situation so stark beschäftigt, dass ich sie später meiner Tochter unter großen Anstrengungen erzähle.

Es ist mir äußerst wichtig, dass die Verkäuferinnen, die ich angesprochen habe, nicht abends zuhause erzählen:“ Stellt euch mal vor, heute war ein betrunkener älterer Mann mit einem Kleinkind im Kinderwagen in unserem Geschäft und er konnte nicht mal mehr seine Bestellung klar und deutlich formulieren“.

Meine Tochter hat alle besucht, sie konnten sich genau erinnern und ich wurde rehabilitiert.

Diese Geschichte habe ich radebrechend und stockend meinem behandelnden Arzt erzählt. Ein sehr guter Arzt, mit hohem Wissen, Mitmenschlichkeit und Humor ausgestattet. Wann immer wir beide uns danach sahen, also auch nach Jahren, rufen wir bis heute als Kennwort:“ Apfelsaftschorle“ und lachen herzlich dabei.

Angst und Furcht halten Einzug in mir, plötzlich spüre ich eine Berührung in meinem Rücken, drehe mich aber nicht um. Was geht hier vor?

Auf mein Schutzengel ist Verlass, Fritz ist bei mir.

Eine Ruhe, eine friedliche Stille kehrt für mich in dieser geschäftigen Straße mit den vielen Passanten ein, unfassbar.

Nichts kann mir und meinem Enkelkind mehr passieren. Alles ist geregelt und ich fühle uns in guten Händen.

Meine Bitten wurden erfüllt, mein Enkelkind an meine Tochter gesund übergeben und ich liege abends in der Intensiv-Station unseres Krankenhauses und später dann in der neu eröffneten Stroke Unit Station, bin linksseitig gelähmt und lalle unverständliche Worte an die schöne und so positive, liebevolle Schwester Esther.

Während der anschließenden Kernspintomographie erlebte ich eine bunte Abfolge meines Lebens, gesammelt in einem wunderschönen Licht, ein Sammelsurium des Erlebten, die drei Tage im Kindergarten, mein erster, nicht gerade schöner Schultag, eine hübsche Freundin und noch eine, verliebt, verlobt, verheiratet, meine Kinder, den 30. und 40. Geburtstag, gute Zeiten, schlechte Zeiten, auf den Gipfeln Piz Buin, Mädelegabel, dem Chef ganz nah, im Flieger nach Asien und sonst wohin, meine Wohnorte mit Umzug, Begegnung mit meinen Eltern und meiner Schwester, mein VW-Käfer, einen wunderschönen Regenbogen, Meditation in der Sagrada Familia in Barcelona, Kaffee trinken im Yachthafen Puerto Banus, Cohiba rauchen in einem begehbaren

Humidor in Ascona, Akropolis, mit meinem knallroten Mountain Bike alleine auf den San Bernardino und das Verzasca Tal, Waldspaziergänge, liebe Menschen, die ich in den vergangenen Jahren am Sterbebett begleitet hatte, Weinberge mit einem Brunnen, aus dem köstlicher Wein fließt und vieles mehr.

Bei solch schönen Bildern und den dazugehörigen Farben ist es nicht verwunderlich, dass man gerne bleiben möchte.

Komisch, dachte ich, was ich alles erlebt habe. Ich könnte mehrere Seiten damit füllen, gar ein Buch darüberschreiben.

Nach der Untersuchung kam ich wieder zurück zur Schwester Esther, die fröhlich rief:“ Das ging aber schnell, dann kannst du ja gleich weiterzählen, wo waren wir nochmal?“.

Sie hatte mir empfohlen, laut und deutlich von tausend an, aufwärts zu zählen, eintausend und eins, eintausend und zwei, eintausend und drei……

Nach meinem Gefühl war ich, in Anbetracht dessen, was ich alles erlebt und gesehen hatte, Stunden weg.

Ich dachte an Elisabeth Kübler-Ross. Sie beschreibt ja in ihren Studien diese Art des Gehens und des nochmaligen Lebensablaufs in kurzer Zeit. Ein ganz besonderes Phänomen und noch von vielen Menschen mit Nahtoderfahrung so oder ganz ähnlich beschrieben.

Eine liebe Freundin, Logopädin von Beruf lässt mir Übungsblätter zukommen. Lustige und eigenartige Sätze, die mein Sprachzentrum trainieren und wieder ins Lot bringen sollen, wenn ich nur fleißig übe.

In Krankenhausbett denke ich viel nach, habe ja unendlich Zeit, kann nicht weg, habe keine Termine und es bewegt mich, dass ich wohl für alle Fälle mit guten Freunden gesegnet bin und gleich zähle ich wieder oder sage laut und ein wenig lallend: „Blaukraut bleibt Blaukraut und Brautkleid bleibt Brautkleid“ und ähnliches.

Mit den Handikaps der linken Körperhälfte ist es für mich als umerzogenen Linkshänder im Tagesgeschehen schwierig, aber, wie wir ja wissen – Engel – sind überall.

So hat mir mein Bettnachbar und irdischer Engel jeden Morgen liebevoll das Frühstücksbrötchen gemacht, sorgte bedingungslos und selbstverständlich für mich, wir hatten uns im Leben nie gesehen und es hatte etwas Heiliges, als mein jüngster Sohn, damals gerade 20 Jahre alt, mir die Füße gewaschen hatte vor mir mit dem Handtuch kniete und mich trocknete. Er hat übrigens ein Tattoo an seinem Unterarm: Der Herr ist mein Hirte in hebräischer Schrift!

Das sind Augenblicke, die vergisst du nicht mehr.

Erste Erfolge stellten sich schon nach wenigen Wochen ein. Für mich war es das größte, dass ich alsbald meinen Rollator wieder abgeben konnte. Ich befand mich zwar noch häufig in der Schräglage, verbesserte mich aber nahezu täglich.

Bei meiner Ankunft im Rehabilitationskrankenhaus am Bodensee treffe ich auf lauter Menschen, die mir Hoffnung geben, mir positives mitgeben, keinen Zweifel daran lassen, es wird aufwärtsgehen und dann lese ich noch auf einer Tafel im Park der Klinik einen Text, den ich nie mehr vergessen habe: „LEBENSLANG LERNER LEISTEN LÄNGER“.

Mein Schnappknie verlässt mich, ich lerne wieder mit Messer und Gabel umzugehen, ja nach einigen Wochen lotst mich meine liebenswerte Therapeutin auf ein altes Fahrrad und ich drehe unter freudigem Geschrei meine ersten, noch wackeligen Runden.

Das mache ich und zudem werde ich diese Freunde lebenslang in meinem Herzen tragen.

Mit dem Erlebnis und dem Gefühl des Geborgenseins habe ich ein sattes Pfund Lebenseinstellung geschenkt bekommen, welches mich für den Rest meines Daseins dankbar sein lässt.

Vieles möchte und werde ich ändern, neu planen, immer wieder 70 und mehr Ideen entwickeln.

Nach Monaten im Krankenhaus, der Rehabilitation und Therapie bin ich ein anderer Eduard, nicht mehr der gleiche, wie vorher.

Es ist wie eine Art Versprechen, die alten Ritter hätten gesagt, ein Schwur und dies werde ich in aller Konsequenz einhalten. Für mein Umfeld und meine Familie, gebe ich zu, eine schwer händelbare Situation.

Die Handhabung mit mir war vorher, ich gestehe es ein – mea culpa, schon nicht ganz so einfach, nach dem Schlaganfall, der Bandscheiben- und der Herzoperation wird es schwieriger und ist gewöhnungsbedürftig, stelle ich fest. Für mich aber persönlich existenziell wichtig, da solche gravierenden Ereignisse Veränderungen haben müssen, sonst wären sie ja ganz umsonst. So meine Einstellung.

NICHTS IST MEHR SO WIE ES EINMAL WAR!

Und das ist gut so.

Hier kommt auch wieder meine Philosophie, mein kindlicher Glaube zum Vorschein.

Ich denke mir, trete ich meinem Vater eines Tages wieder vor die Augen, möchte ich einfach vermeiden, dass er zu mir sagt:" Eduard, weshalb langst du mehrmals auf die heiße Herdplatte, obwohl du dir beim letzten Mal schon die Finger verbrannt hast"?

Ich möchte auch meine unendliche Dankbarkeit gegenüber meinem Schöpfer zeigen, schließlich hätte er mich auch aus dem Verkehr ziehen können.

Wie ich meine Meditation, mein Gebet, meine Gespräche, meine Bitten im täglichen Leben bewerkstellige, davon werde ich am Ende berichten.

Meine Lokomotive steht wieder auf einem sehr gut gebauten Gleisbeet, ist immer in gesundem Maße unter Dampf und fährt mich überall ohne Zeitnot hin.

Während meiner Rehabilitationsphase stand ich staunend an einem Bahnhof und sah dem endlos langen Gleisbauzug zu, welcher ganz vorne die alten Gleise demontierte, das Gleisbeet und die Schottersteine säuberte, neue Schwellen legte und verschraubte und am hinteren Teil des Zuges lagen dann wieder die frischen Gleise zum Befahren der Züge und Lokomotiven. Leise habe ich einen Verantwortlichen gefragt, ob ich mal an Bord kommen dürfe.

Er verneinte, dies sei verboten, nicht erlaubt.

Danach stand ich mit wohl einem solch traurigen Gesicht an der Bahnsteigkante, dass der Chef Mitleid bekam, mir rief und ich durfte einsteigen und mehrere Stunden mitfahren.

Auch eine Schlüsselstelle in dieser für mich so wichtigen Phase. So stellt man alte Lokomotiven wieder auf neue Gleise, in einem

Gleisbeet mit frisch gereinigtem Schotter, eine mehr als symbolträchtige Begebenheit und sollte der Verantwortliche von damals dieses Buch lesen, möchte ich ihm dafür von ganzem Herzen danken.

Da kamen Zeiten auf mich zu. 16 Monate nach dem Schlaganfall warf mich meine defekte Bandscheibe zu Boden und ein Spezialist operierte mich erfolgreich. Wieder ein Jahr später stotterte mein Herz, der Infarkt meldete sich an und die Kurzatmigkeit wurde mein täglicher Begleiter.

Mein ererbter Herzfehler kam aus seinem Versteck, fünf Bypässe mit Venen aus meinem rechten Bein wurden gelegt, war diese Ereignisse in meinen Gedanken weit hinter dem Schlaganfall und seinen seelischen Auswirkungen angesiedelt.

Freilich gab es auch hier massive Ängste, wenn dein ganzer Organismus für ein paar Stunden von einer Maschine in Gang gehalten wird, der Tod ganz nahe bei dir ist und die Rehabilitation mehrere Monate Zeit in Anspruch nimmt, mühsam und schwer erscheint.

Auch hier hatte ich zweimal nahezu gleiche Nahtoderlebnisse, mit dem identischen Licht und der Abfolge meines schönen Lebens. Ich bemerkte sogar eine gewisse Sehnsucht, ein Verlangen nach dieser Reise. Der Plan für mich ist ein anderer.

Am Abend vor der Herzoperation setze ich mich in die Krankenhauskapelle, bin Gottseidank allein und kann deshalb laut sprechen, um Hilfe und Beistand bitten. Ich hatte nicht bemerkt, dass auf den meisten Stühlen Taschen, Rucksäcke und Jacken lagen. Ich saß vorne in der ersten Reihe vor dem Kreuz, als sich ganz vorsichtig eine Hand auf meiner Schulter legte und jemand leise sagte, ich möge bitte nicht erschrecken.

Ich drehte mich um und sah in ganz viele Gesichter. Der Anführer der Gruppe erklärte mir, dass es sich um einen Chor handele, welcher in regelmäßigen Abständen in verschiedenen Stationen des Klinikums zur Freude und zum Trost der Kranken dort singen.

Also der Anführer ist der Chorleiter und er sah mich an und sagte: "Möchten Sie gerne, dass wir Ihnen ein Lied oder zwei, nur für sie singen"?

Ich möchte gerne hier meine Gefühle in diesem Moment beschreiben, es mag mir aber nicht gelingen, bin tief berührt und ich wünsche mir, wie immer meine beiden Lieblingslieder.

„Meine Hoffnung und meine Freude, meine Stärke mein Licht, Christus meine Zuversicht, auf dich vertrau ich und fürcht mich nicht".

„Vom Aufgang der Sonne, bis zu ihrem Niedergang, sei gelobet der Name des Herrn, sei gelobet der Name des Herrn".

Meine Wünsche werden mir erfüllt und so gestärkt gehe ich in mein Bett und am nächsten Morgen zur Operation.

Was soll ich da noch sagen, außer DANKE und ihr sollt gesegnet sein.

Hier komme ich zu dem Ergebnis, dass ich mit meiner Bandscheibe und meinem Herzen in der Werkstatt war, die Ärzte, Schwestern und Pfleger mich repariert und zwar sehr gut repariert haben, keine Kurzatmigkeit mehr, keine Angst vor Aussetzern der Schläge, kurzum, zwar mit einem H – Kennzeichen versehen, aber ich laufe und laufe, ähnlich wie mein erstes Auto, ein Käfer in 1968 oder ähnlich dem Forrest Gump.

Ich weiß, ich bin hier nur auf der Durchreise, bin nur Besucher. Meine Aufgabe, da denke ich sofort an meinen Vater, ist es zu lernen und zu lieben. Dann gehe ich wieder nach Hause.

Um mit Kardinal Woelki zu sprechen: „Sehr gerne möchte ich noch ein paarmal den Herbst erleben, noch eine Weile, wenn es geht, gesund hier verweilen“.

Jeder Tag ist nun ein gewonnener Tag, ein Geschenk.

Danke, für alles.

Durch das erlebte fühle ich mich gewappnet, für alles was kommt, keine Ängste mehr, keine Hoffnungslosigkeit, der Herr ist halt mein Hirte und sendet mir als spürbarer Begleiter in der Not – Fritz.

Aus Chiara wurde ein wunderschönes und gescheites Mädchen und wir feiern in diesen Tagen ihren 13. Geburtstag!!!

An jedem Geburtstag von ihr, ach, immer wenn ich sie sehe denke und bete ich, es war doch nur ein Jahr, um das ich damals in der Fußgängerzone gebeten hatte, nur noch erleben zu dürfen, wie sie läuft und spricht und nun so viele, dazu noch ganz besondere Jahre.

Es kommt noch dicker und schöner, als ich es mir je ausdenken und ausmalen könnte. Vor ein paar Monaten hat meine Tochter einen gesunden Buben zur Welt gebracht. „Was für ein wundervolles Geschenk“!

Drei Tage nach Chiara feiert Julian seinen 1. Geburtstag. Ein gewitzter Junge mit ganz viel Freude und Lachen im Gesicht und seiner Seele.

Mit Chiara und Julian schmiede ich schon neue Pläne! Wenn es mein Plan für mich vorsieht, werde ich wieder am Eingang des Kindergartens stehen, zur Einschulung dabei sein, und am begleiteten Fahren teilnehmen. Große Pläne. Wir werden sehen.

Freunde haben mir Briefe und Karten geschrieben, alle mit ähnlichem Wortlaut: „Eduard, wir warten auf Dich", „wir beten für Dich", „Du musst wiederkommen" und vieles mehr.

Ich habe ein ganz besonderes Buch von einem besonderen Freund erhalten –Handbuch des Kriegers des Lichts, von Paulo Coelho, bis heute ein ständiger und lehrreicher Begleiter in allen Lebenslagen.

Ein großes Plakat mit weit über 100 Unterschriften und Wünschen zur Genesung kam mit der Post in die Klinik.

Andere Freunde schenkten mir ein Handschmeichler, ein wunderschönes Holzkreuz und Chiara brachte mir später einen kleinen Schutzengel hinter Glas.

Beides findet sich immer in meiner Hosentasche. Ohne sie gehe ich nicht aus dem Haus.

Aus einem Dorf mit, ich glaube 750 Einwohnern haben mir fast die Hälfte gute Wünsche gesandt, meine Familie hat mir das Gefühl vermittelt, ich sei der Wichtigste.

Vor kurzem haben mir alte Freunde auf eindrucksvolle Weise ihre Freundschaft und deren Bedeutung gezeigt.

Anfang der siebziger Jahre hatte ich meine 18monatige Wehrpflicht im Odenwald abzuleisten und während dieser Zeit einen Seelenverwandten und lieben Freund kennen gelernt. Er war aus einer Stadt an der Bergstraße, wir hatten eine ähnliche Wellenlänge und die Liebe zur Rockmusik hat uns die nächsten

Jahre immer wieder zusammengebracht. Eine tiefe Freundschaft entstand und wir haben uns später durch berufliche Veränderungen und Umzüge leider aus den Augen, jedoch niemals aus dem Sinn verloren.

Vergangenes Jahr war ich mit einer Wanderausstellung aus der Hospiz- und Palliativbewegung in Baden-Württemberg unterwegs und war im Rathaus der Heimatstadt meines Freundes und ich dachte, frag mal nach ihm.

Ich hatte die Anschrift, besuchte ihn und seine Frau und die Begrüßung nach über 40 Jahren war voller ehrlicher und aufrichtiger Freude und liebevoller Umarmungen.

Nicht einmal fielen die Sätze:“ Wo warst Du die vielen Jahre?“, „weshalb hast Du Dich nicht gemeldet?“. Im Focus stand die Freude und die Liebe über das Wiedersehen mit einem guten Freund.

Mal ganz ehrlich, liebe Leser, liebe Freunde, da bleibt dir nur noch eines übrig = Tue alles dafür, dass du wieder gesund und repariert zurückkehrst, Enttäusche keinen. Ich verspreche Euch, ich tue mein Bestes!

Jeder Einzelne hat seinen Platz in meinem dankbaren Herzen.

DAS GEMÄLDE

Die Dame, die meinen Brief erhalten hat, ruft mich an und fragt mich, woran ich denn merken würde, wann eine Geschichte für dieses Buchprojekt geeignet sei.

„Es ist das Gefühl, die Eingebung, Ihre Fragen und ich bitte Sie freundlich um Ihre Geschichte".

Die Dame stimmt zu, wir verabreden uns und sie erzählt. So geht das.

Mit meinen beiden Geschwistern, eine ältere Schwester und ein jüngerer Bruder habe ich im Osten unserer Republik meine Kindheit verbracht.

Unser Vater arbeitete in einer kleinen Schlosserei und ging sehr liebevoll mit seiner Familie um. Häufig erzählte er uns allen, dass er sich in unserer Stadt bald mit einem Schlüsseldienst selbständig machen möchte.

Durch ein paar, wie er es formulierte unachtsame, politische Äußerungen geriet er bei den Behörden in Misskredit, verbrachte ein paar Monate im Gefängnis in Bautzen und war danach ein trauriger Mann und Vater. Sein Onkel hat ihn dann ermuntert, zu ihm in den Westen zu kommen, er würde ihm Arbeit und Wohnung besorgen.

Ich habe sehr gute Erinnerungen an meine Schulzeit und der Kinderzeit. Es waren sorglose Jahre, es fehlte uns an nichts. Die Eltern erzählten gerne aus der Vergangenheit, besonders Vater hatte schöne Geschichten parat.

Zu später Stunde und meist nach einem guten Tropfen stand er auf und ging an den Schrank, holte eine verzierte Holzkiste, etwa doppelt so groß, wie eine Zigarrenkiste. Darin befand sich sein Schatz, Bilder aus seinen Kindertagen.

Mit feuchten Augen erzählter er uns, dass seine Eltern ein schönes Haus hatten das Leben sich in der großen Wohnküche abspielte und das Wohnzimmer nur zu besonderen Anlässen, wie wichtiger Besuch und hohen Feiertagen hergerichtet und geheizt wurde.

Über der großen, gepolsterten, sehr edel wirkenden Sitzbank war ein großes Gemälde angebracht. Ein weitläufiger Verwandter und regional bekannter Künstler hatte die Eltern unseres Vaters in Öl gemalt und mit einem opulenten, goldfarbenen Rahmen versehen.

Vater erzählte, dass es seinen Eltern einerseits schmeichelte, andererseits es aber ein wenig überdimensioniert und für übertrieben hielten.

Kein Besucher, so erzählte er, ließ das schöne Bild unkommentiert. Letztlich behielt doch die Freude und der Stolz Oberhand, hatten doch nicht viele Menschen ein solches Gemälde an der heimischen Wand hängen.

Ende Februar 1945 wurde unser Vater aus dem Lazarett zum Genesungs- und Heimaturlaub nach Hause geschickt und fand nur noch Trümmer und verbranntes vor. Wenige Tage zuvor hatten Flugzeuge die ganze Stadt in Schutt und Asche gelegt, mein Vater hat seine Eltern beerdigt und so gut wie nichts mehr daheim vorgefunden. Nur das Foto von dem Gemälde, welches er im Krieg ständig bei sich trug und er jetzt in der Holzkiste aufbewahrte, um es uns und die dazugehörige Geschichte zu zeigen und zu erzählen, hatte er noch als Erinnerung und er hütete es deshalb, wie einen besonderen Schatz.

Komisch, dachte ich, inzwischen viel älter und die Geschichte mit diesem Gemälde meiner Großeltern zigmal erzählt bekommen, komisch, dass es mir und meinen Geschwistern nicht langweilig damit wurde. Wir hörten es immer wieder gerne.

Die Mutter war gestorben und unser Vater lebte in einem schönen Seniorenhaus, gut und liebevoll versorgt. Wir, seine drei Kinder besuchten ihn abwechselnd und regelmäßig, zum Geburtstag und besonderen Feiertagen kamen wir mit seinen Enkeln und sogar Urenkel und…., Vater ging an seinen Schrank und holte die Holzkiste mit den Bildern.

Am Telefon weint ein Mann sehr heftig und ich bin zutiefst erschrocken, da ist trauriges und schlimmes passiert, denke ich. Kurz darauf identifiziere ich den Anrufer als meinen Bruder.

Ich habe meinen Bruder in all den Jahren noch nie weinen hören und er stammelt immer wieder: „Das Gemälde, das Bild, ich habe das Bild gefunden".

Wir Geschwister vereinbaren ein sofortiges Treffen für den nächsten Tag und unser Bruder kommt in den Nebenraum eines Hotels, hat verweinte Augen und erklärt dann mit stockender Stimme, was er erlebte.

Geschäftlich hatte er in der Stadt unseres Vaters und unserer Großeltern zu tun, alle Termine waren abgearbeitet und er ging zur früheren Adresse der Großeltern. Dort steht heute ein sehr schönes Haus, er spaziert weiter und kommt an einem aufgebauten Flohmarkt vorbei.

Spontan denkt er an die alte Holzkiste des Vaters und die oft gehörte Geschichte. Sein Blick bleibt an einem Bild hängen, welches mit Reißzwecken auf einem Brett befestigt ist und seine Gedanken sind, komisch, sieht ähnlich aus, eine Kraft zieht ihn zu dem Bild hin, lässt ihn fragen, ob er es näher betrachten dürfe und kauft es schließlich, innerlich total aufgeregt für € 20,00 dem Händler ab. Das Brett überlässt er dem Mann.

Schnellen Schrittes geht unser Bruder in eine Seitenstraße, entrollt vorsichtig, mit zitternden Händen das Gemälde und liest auf der Rückseite die vollständigen Namen und die Andresse unserer Großeltern. Sofort hatte er dann uns Schwestern angerufen und versucht, uns voller Rührung diese Geschichte zu erzählen.

Sehr sorgsam vorbereitet haben wir Geschwister unserem Vater das Gemälde seiner Eltern samt der schönen Geschichte überbracht.

Über seine Reaktion muss man wissen, dass in unserem Haus das Gebet und der Glaube nicht unbedingt heimisch waren.

Vater sagte:“ Gottes Wege sind doch unergründlich und schön“. Sprach und schaute freudig in die mehr als überraschten Gesichter seiner drei Kinder.

Wenige Stunden später, wir waren schon im Hotel und hatten uns für den nächsten Tag mit ihm verabredet, schloss er seine Augen für immer.

Wir Geschwister haben das Gemälde wieder mit einem goldfarbenen Rahmen versehen lassen und vereinbarten, dass es bei mir im Wohnzimmer aufgehängt wird, die Familie sich am Geburtstag von Vater hier trifft und unser Bruder das Ritual des Vaters, ein guter Tropfen, Holzkiste aus dem Schrank und mit dem kleinen Bild an der Hand die Geschichte des Vaters erzählt, ergänzt mit dem besonderen Ende und letzten Satz von Vater.

Wir alle fühlen dann, er ist bei uns.

Dass die Familie mich vergangenes Jahr zu diesem Geburtstags-fest eingeladen und herzlich willkommen geheißen hat, hat mich sehr berührt, gefreut und geehrt, ich konnte den besonderen Geist spüren.

Lieben Dank an Euch alle.

DIE 70. IDEE

1968 eröffnete mir meine damalige Freundin, sie bekomme ein Kind. Wenn ich es meiner Mutter sagen würde, so dachte ich, sie würde damit gleich klarkommen, sie hat mir nie etwas Krumm genommen.

Aus diesem Grund beschloss ich, Eduard, du musst dazu stehen, mutig sein und mit deinem Vater alles besprechen. In meinem Inneren sah ich die schlimmsten Befürchtungen seiner Reaktion auf diese Hiobs Botschaft.

Dazu muss man wissen, in dieser Zeit war man erst mit 21 Jahren volljährig und meine Freundin und ich gerade mal 18 Jahre alt, zu damaligen Zeiten eher noch Kinder.

Nach zwei Wochen hatte ich allen Mut zusammengenommen und es meinem Vater erzählt.

Seine Reaktion:" Ja, mein Jung, da müssen wir zusammen helfen, da brauchen wir einen intelligenten Plan, eine Idee".

Wir sind mit unseren Eltern zum Amtsgericht marschiert und wurden per Antrag und mit deren Einverständnis vorzeitig für volljährig erklärt, konnten heiraten. So nahm dann mein schönes Leben seinen Lauf.

So wenig hatte ich meinen Vater gekannt, der mich unterstützt hat, wo er nur konnte und meinem ältesten Sohn, ja der spätere Seefahrer, ein lieber Opa war.

Mein Vater war ein Hobbyphilosoph und einer seiner vielen Sätze zu mir, ich habe sie alle noch parat, war:" Eduard, mein Jung, du hast die Verpflichtung, gescheiter zu sterben, als du auf die Welt gekommen bist".

Damals konnte ich sehr wenig mit diesem Satz anfangen, dachte ich doch, ich lerne ständig hinzu, bilde mich weiter, also muss ich zwangläufig immer gescheiter werden, so mein Denken.

Heute weiß ich ganz genau, steuere ich nicht ständig und unablässig dagegen, kann es mir nicht gelingen. Die Gefahr des Einlullens ist sehr groß und allgegenwärtig.

1985 bin ich bei einer mehrwöchigen Fortbildung in der Schweiz und verstehe mich sehr gut mit dem Lehrer.

Der Lehrer und Dozent heißt Fritz!

Innerlich lache ich und denke mir, wenn der wüsste! Vielleicht liest er ja dieses Buch und erinnert sich.

Ein Satz von ihm geht mir seither nicht mehr aus dem Kopf:“ Eduard, du musst immer 69 Ideen entwickeln und wieder verwerfen, die 70. Idee ist es dann, ist der Schlüssel zur Befriedigung, zu einer für dich inspirierenden Lösung“.

„Machst du dies nicht, ist die Gefahr groß, dass du dümmer stirbst, als du auf die Welt gekommen bist“.

Ich habe ihm abends noch von meinem Vater und dessen Satz an mich von 1968 erzählt und er meinte, bestimmt sei mein Vater ein guter Ideenentwickler gewesen.

Am nächsten Tag hat mir mein Lehrer mit den Worten ein Blatt gegeben:

“ Diese Geschichte würde deinem Vater und dir nicht passieren“.

Bis zum heutigen Tag habe ich dieses Blatt aufbewahrt, meinen Kindern erzählt und viel daraus gelernt.

Die Rezession

Ein Mann lebte in einer großen amerikanischen Stadt. Er verdiente seinen Lebensunterhalt mit dem Verkauf von Hot Dogs am Straßenrand. Seine Ohren waren nicht besonders gut und deswegen hörte er nie Radio.

Seine Augen waren nicht sehr gut und darum las er nie Zeitung und schaute nie fern.

Seine Hot Dogs waren wirklich gut und er stellte deshalb Schilder auf, um dies den Leuten mitzuteilen. Immer mehr Leute kauften bei ihm seine leckeren Hot Dogs. Deshalb bestellte er immer mehr Würstchen und kaufte bald einen größeren Herd.

Schließlich brauchte er einen Helfer und fragte seinen Sohn, der an der Universität studierte.

Als der Sohn von den Plänen seines Vaters hörte, schlug er die Hände über dem Kopf zusammen und rief: "Vater, hast du denn nicht Radio gehört? Hast du nicht ferngesehen? Wir haben eine riesige Rezession! Alles geht vor die Hunde…."

Der Vater sagte daraufhin zu sich selbst: „Mein Sohn geht auf die Universität. Er liest Zeitung, er hört Radio, er schaut fern – er wird es ja wissen."

Also reduzierte er seine Bestellungen, nahm seine Reklameschilder herein und sparte sich die Mühe, seine Hot Dogs großartig anzupreisen.

Praktisch über Nacht brach sein Geschäft zusammen.

Einige Tage später sagte der Vater zu seinem Sohn: „Du hattest recht. Wir befinden uns wirklich in einer gewaltigen Rezession."

Unbekannter Autor

Gemäß der einleuchtenden Vorgabe meines Lehrers und der positiven Einstellung meines Vaters habe ich die letzten 30 Jahre immer diese 69 Ideen entwickelt, verworfen und die 70. Idee dann als etwas Gutes meist erfolgreich umgesetzt.

Da ich auch von den verworfenen Ideen lerne und bis zu meinem seligen Ende weiter daran arbeiten möchte, habe ich doch noch die Chance, meines Vaters und meines Lehrers Vorgaben zu erfüllen.

Ein schöner Gedanke ist für mich, dass ich Vorbild für meine Kinder und Kindeskinder sein kann.

WUNSCH – TRAUM

„Ich möchte Sie gerne näher kennenlernen“ und ich spüre einen besonderen, herzlichen Ton in der weiblichen Stimme. „Ich habe ja schon allerhand über die Hospizarbeit lesen können, Bundes- und Landesweit, die Mitglieder, Ihre Gruppe und die Aktivitäten und der positive Geist, welcher über allen steht“

„Es ehrt mich, dass sie bei ihrem Projekt an mich denken, um jedoch ein solch intimes Thema einem Fremden, sie verzeihen zu offenbaren, brauche ich unabdingbares Vertrauen“.

Als ich nach ihrer Einladung zu sich nach Hause im äußersten Süden unseres Landes sagte, dass ich auch nicht jeden Tag von einer hübschen Dame eine Einladung zu Kaffee und Kuchen erhalten würde, lachte sie – das Eis war gebrochen.

Aus den Illustrierten und dem Internet war mir die Dame schon bekannt und bewaffnet mit einem bunten, kleinen Blumenstrauß klingelte ich an der Einfahrt. „Ah, ein Kavalier der alten Schule, es wäre nicht notwendig gewesen, aber ich nehme die Blumen gern“, so wurde ich begrüßt.

Nach drei Stunden der guten Gespräche fuhr ich wieder nach Hause, hatte aber in meinem Herzen ein gutes Gefühl.

„Ich melde mich wieder bei Ihnen“, so waren ihre freundlichen, unverbindlichen Worte.

Alle Erzählungen in diesem Buch hatten ihre Zeit – hier ist wieder das oft zitierte Wort Zeit – JEGLICHES HAT SEINE ZEIT – so auch seit mehr als 10 Jahren das Bibelwort als Titel unseres schönen und mit lebensbejahenden Bildern geschmückten Hospizkalenders.

Aus diesem Grund ist es mir auch nicht aufgefallen, wurde auch nicht ungeduldig oder gar traurig, wenn lange Zeit nicht die versprochene Rückmeldung kam.

Es ist für mich ein Projekt der über 1.000 Tage und ich habe keine Zeit, mich zu beeilen.

Ich hatte mich auch konsequent für die Form entschieden, zu warten, bis derjenige sich meldete und wollte auf keinen Fall nachfragen, als ungeduldiger erscheinen. Wenn sich der von mir angeschriebene melden würde, so mein Denken, dann gibt es auch etwas Gutes, etwas Lesenswertes.

Kurzum, die Zustimmung für unser Gespräch, für die Geschichte habe ich bekommen und bin wieder hingefahren und die Dame beginnt, zu erzählen:

Nach knapp 30 Jahren guter Ehe, mit allen Höhen und Tiefen, wurden wir auf eine große Probe gestellt. Mein Mann hatte Krebs und es folgten alle bekannten Therapiearten. Keine gute Zeit, wie er sagte. Freilich hatten wir auch hoffnungsvolle Tage, schnell wieder abgelöst von schlechten Nachrichten aus dem Labor.

Es ging mit meinem Mann rapide abwärts und eines Tages suchte er ganz bewusst das Gespräch mit mir. Er habe sich entschieden und will sich im stationären Hospiz ganz in unserer Nähe anmelden. Nach so vielen Ehejahren siehst du sofort, es ist kein Widerspruch erlaubt.

Die Anmeldung erfolgte über unseren Hausarzt, die Formalitäten wurden mir weitestgehend von den freundlichen Menschen dort abgenommen und wenige Tage später hatte mein Mann ein Zimmer dort bezogen.

Er meinte, hier könne er schon recht nobel sterben und er hätte sich ein Hospiz anders vorgestellt.

Ich gebe zu, die Aussicht war wunderschön, nichts erinnerte an ein Krankenzimmer und die Menschen waren voller Liebenswürdigkeit und herzlich, wir waren hin- und hergerissen.

Mein Mann hatte verfügt, dass keine lebensverlängernden Maßnahmen mehr an ihm durchgeführt werden dürfen, magerte daher zusehends ab und ich konnte sehen, dass er nicht mehr lange bei mir sein wird.

Eine Nachtschwester hatte es ihm besonders angetan und er erzählte mir von den Gesprächen mit ihr, sie nahm sich Zeit, ehrliches Vertrauen war da.

Bei meinem Besuch merkte ich, dass er mit etwas umging. Spontan fragte ich meinen Mann und sagte dazu, was auch immer er mir sagen möchte, ich bin bereit. Er traue sich kaum, solch einen Satz hatte ich noch nie von meinem selbstbewussten, aber eher stillen Mann gehört.

„Ich möchte gerne mit dir eine Zeit in diesem Bett liegen, nackt und fest umarmend“ so die Worte, die ihm bestimmt sehr schwer gefallen sind. Ich habe geweint und ihm gesagt, dass ich dies von Herzen gerne tun würde, weil ich ihn liebe.

Die besagte Nachtschwester war sehr berührt von diesen Gedanken und bestärkte mich, sie passe auf, dass niemand kommt und ich könne das Zimmer von innen schließen.

Ich ging nach Hause, zog die schönsten und erotischsten Sachen an, die ich hatte, nur einen leichten Mantel darüber und ging wieder zu meinem Mann. 29 Kerzen habe ich angezündet, für jedes Ehejahr eine, zog meinen lieben Mann nackt aus, mich auch und legte mich zu ihm.

Fest haben wir uns umarmt und geküsst, waren über drei Stunden so zusammen, bis er sagte:" Danke, meine liebe, allerliebste Frau, danke für alles".

Als ich mich im Bad wieder angezogen hatte und zu ihm ans Bett kam, war er für immer eingeschlafen.

Ich holte meine Verbündete, die Nachtschwester und sie zeigte mir, wie man einen Verstorbenen liebevoll versorgt und wäscht, öffneten das Fenster, legten seine Hände übereinander und weinten leise miteinander.

„Verstehst du jetzt, Eduard", zwischenzeitlich hatte die Dame mir das du angeboten, „Verstehst du jetzt, weshalb es für mich nicht einfach war, diese Geschichte zu erzählen"?

„Ich hatte mir vorgenommen, dieses für uns, meinen Mann und mir so wunderschöne Erlebnis mit in mein Grab zu nehmen". „Dann kam ein paar Jahre später dein schöner Brief und ich habe mit meinem Mann in der lichtvollen, geistigen Welt gesprochen". „Alle wichtigen Dinge spreche ich nach wie vor mit meinem Mann ab".

Wir haben gemeinsam beschlossen, dass wir dir diese Geschichte zur Veröffentlichung geben, um andere Paare zu ermutigen, dass sie ihre Liebe zueinander immer leben können.

Dass ich die Dame beim Verabschieden ganz fest und von Herzen drücken durfte, dass ich ihr sagen durfte, dass es mir eine große Ehre war, diese schöne und berührende Liebesgeschichte erzählt zu bekommen, die Erlaubnis, diese zu veröffentlichen, macht mein Herz froh und ich sage hier noch einmal ausdrücklich den beiden – DANKE!

VATER

Die Geselligkeit, das frohe Gemüt, das Lachen und die Kunst der Freude habe ich von meinem Vater geerbt und wie ich finde, ein schönes Erbe.

Er war der „Kaiser Wilhelm“ in unserer Familie, weil er sich bei den Preußen, den Hohenzollern bestens auskannte. Im Schloss Sanssouci muss er zigmal gewesen sein und war begeistert von den Kunstschätzen, der Anlage, dem Park und natürlich vom Kaiserenkel Louis Ferdinand, den er bei irgendeiner Gelegenheit mal persönlich getroffen und auch gesprochen hat. Manchmal sah ich feuchte Augen, wenn er erzählte. Er hätte dies nie und nimmer zugegeben.

In den siebziger Jahren hatte ich eine Idee und bin flugs nach Hechingen gefahren. Ein Freund, der in der Nähe wohnte, erzählte mir, wenn die silbern-schwarze Fahne auf der Hohenzollernburg sichtbar ist, sei der Chef des Hauses, damals Seine Kaiserliche Hoheit, Prinz Louis Ferdinand anwesend.

So war es und ich habe in einer Buchhandlung einen Bildband über die Hohenzollern gekauft, einen Mitarbeiter oben in der Burg angesprochen und von meinem Vater, dem „Kaiser Wilhelm“ erzählt. Ich bat diesen freundlichen Menschen, nachzufragen, ob der Kaiserenkel eine Widmung für meinen Vater in das Buch schreiben könne und er ging und kam ganz lange nicht mehr wieder.

Als er in Begleitung eines großgewachsenen Herrn wieder an der Türe im Innenhof der Burg erschien, habe ich sofort erkannt, es war Prinz Louis Ferdinand und er hatte mein Buch unter dem Arm.

Ich war vorbereitet, habe mich mit einer höflichen Verbeugung vorgestellt und mich bei seiner Kaiserlichen Hoheit herzlich bedankt. Er hatte mir eine schöne und persönliche Widmung für meinen Vater reingeschrieben.

Bei der Übergabe dieses Geschenks an meinen Vater war die Nähe seiner Hoheit des Kaiserenkels Louis Ferdinand, des kaiserlichen Hauses zu spüren.

Aufrecht stand er im Wohnzimmer neben dem Klavier, die Arme am Körper, die Hände an der Hosennaht, um dieses für ihn einzigartige Geschenk entgegen zu nehmen. Selten habe ich meinen Vater so berührt gesehen.

Aus dem Krieg kam er stark hörgeschädigt zurück, eine Granate war in unmittelbarer Nähe explodiert und wie durch ein Wunder hatte er lediglich geplatzte Trommelfelle. Dies war im Feldzug gen Osten und wir haben oft darüber gesprochen, dass es wohl ein Segen war, denn danach war er in Frankreich eingesetzt und hatte von dort auch das La Savoir Vivre mitgebracht und in seiner Familie eingeführt.

Sein einzig freier Tag, damals wurde auch noch am Samstag gearbeitet, war dann der Sonntag und er zelebrierte das Mittagessen mit einem guten Wein manchmal bis zu zwei Stunden, sprach mit allen, wollte alles aus der vergangenen Woche wissen.

Vor dem Chef, also meinem Vater verließ keiner den Tisch und so war es als Kind schon sehr mühsam, ruhig zu sitzen, aufmerksam und voller Respekt zu sein. War ich mit ihm allein und erzählte ihm von meinen Nöten, erklärte er mir, dass er mich respektvoll wichtig nehme, ich möge dies umgekehrt auch tun.

Wie oft habe ich mich später, erwachsen und selbst Vater, an ihn mit guten Gedanken erinnert.

Mit meinen Kindern habe ich mir dann oft den Spaß erlaubt und am Mittagstisch eine Frage in die Runde geworfen:" Wer ist bei uns der Chef"? Jeder der als Antwort „Papa" rief, bekam ein 10 Pfennig Stück, es haben immer alle gerufen und wir haben herzlich gelacht.

In seinen beiden Gärten wuchs alles, was wir in der Nachkriegszeit zum Essen benötigten. Schließlich war er als Sohn eines Bauern in Pommern aufgewachsen und kannte sich im Ackerbau bestens aus.

Die beiden Eingangswege von der Gartentüre bis zum Häuschen hatte er mit Stein- und Ziegelresten ausgelegt und links und rechts davon standen in Spalier seine selbstgezüchteten Rosenstämme in allerlei Farben.

Er hatte mir in den 50er Jahren einen kleinen Holzwagen gebaut, ich bekam eine Kinderschaufel und damit sammelte ich die Rossäpfel auf, die damals zuhauf auf den Straßen lagen.

Manchmal ging ich solange hinter einem Pferdefuhrwerk her, bis der Erfolg sichtbar wurde und habe die noch dampfenden Rossäpfel in meinen Holzwagen geladen. Mein Vater sagte mir, dies sei die beste Wachstums- und Schönheitsmedizin für seine Rosen und Pflanzen. Nie vergaß er, mich extra zu loben und meinen Verdienst an seinen schönen Rosen zu erwähnen.

Zu Weihnachten 1956 habe ich eine Ritterburg komplett aus Holz bekommen. Zwei Türme, Innenhof, Zugbrücke, also mit allem, was dazu gehörte, Rittersleute mit Pferden. Wie und wann er die gebaut hat, blieb mir immer ein Rätsel. Er konnte Schuhe reparieren, tapezieren, brachte uns Kindern das Laubsägen bei, aus meiner Sicht konnte er einfach alles. Diese Fähigkeiten habe ich zu seinem und meinem Leidwesen nicht geerbt.

Er schämte sich auch nicht, dass er nicht so gut im Schreiben und Rechtschreiben war und ich durfte so manche Karte und Brief für ihn schreiben.

Sonntags rief er seine Kinder zu gefürchteten Wanderungen auf, hatte Rosenaugen fein verpackt und Bastschnur in der Hosentasche, um im Wald eine wilde Rose mit seiner Edelrose zu veredeln.

Sein Ziel war, dass im darauffolgenden Jahr ein Wanderer sich wundern würde, wie so etwas möglich ist. Seine stille Vorfreude war schon etwas ganz Besonderes und ich durfte diese erben.

Während meiner Rehabilitation suchte ich in der Natur, in unserer Umgebung besondere Kraftorte auf. Wenn ich auf einer Bank mit einer besonders schönen Aussicht Platz nahm, meditierte, spürte ich sofort eine vorhandene Besonderheit und Kraftquelle für mich. An einem Baum hänge ich dann in großer Höhe einige Kristalle an einen Zweig. Diese Diamanten für arme Leute befestige ich an einer Schnur und werfe sie solange hoch, bis sie hängenbleiben. Es ist schön und ach, wie gut, dass niemand weiß, dass……

Gefürchtet, deshalb, weil meine Geschwister und ich nach relativ kurzer Zeit vom Vater zum Kopfrechnen aufgefordert wurden. Dreier Schritt, Vierer Schritt, Siebener, Achter, Prozente, Überschlagen, Bruch, da war er unnachgiebig, was zur Folge hatte, dass wir in der Schule alle eine gute Note in „Rechnen“, so hieß es damals, hatten und später sehr dankbar darüber waren.

Er selbst war in Pommern in eine Dorfschule gegangen, will heißen, zwei Klassen, eine von der 1. bis zur 4. Klasse und eine von der 5. bis zur 8. Klasse.

Während der Feldarbeit machte sein Vater, also mein Opa immer Kopfrechnen mit ihm und dem Zusatz „Ein dummer Bauer, ist ein schlechter Bauer".

Wurde er, bzw. wir Kinder nach dem Beruf unseres Vaters gefragt, legte er größten Wert darauf, dass wir zur Antwort „Arbeiter" sagten. Er arbeitete mit Freude in seiner Parkettfabrik, fuhr dort mit einer kleinen Diesellokomotive die Hölzer und Wagen von A nach B, beladen, entladen.

Wenn er frühmorgens um 05.00 Uhr in der Küche hantierte, seinen Kaffee trank und frühstückte, summte er immer Lieder, ging immer gutgelaunt zu seiner Arbeit. Meine Mutter sollte länger liegen bleiben, um sich zu schonen. Da legte er Wert darauf.

Nach einem 10 Stunden Arbeitstag, plus Samstagvormittags, es gab noch keine 5 Tage Woche, fuhr er mit der Bahn 12 km nach Hause, ging in seine Gärten, bestellte diese und brachte seiner „Irm", so nannte er liebevoll meine Mutter oft drei seiner frisch geschnittenen Rosen mit.

Am Heilig Abend war es sein Privileg das Wohnzimmer, die gute Stube zu heizen, den Christbaum schmücken, die Geschenke vom Christkind unter dem Baum drapieren, dann hat er die Kerzen entzündet, einen Eimer Wasser für alle Fälle daneben gestellt, die Türe wieder aufgeschlossen, dann hat das Christkind sein Glöckchen geläutet.

Oma und Opa, Vaters Eltern waren auch immer da, Mutter spielte auf unserem leicht verstimmten Klavier drei Weihnachtslieder und ich als jüngster hatte meist ein Gedicht gelernt und habe es vor der Bescherung aufgesagt.

An Weihnachten 1958 gab es einen Plattenspieler, der Deckel war gleichzeitig der Lautsprecher und die Langspielplatte von Freddy – Weihnachten auf hoher See lief mit 33 Umdrehungen den ganzen Abend.

Noch heute kann ich „Junge, komm bald wieder“ auswendig singen und es ist auch in der örtlichen Demenzgruppe sehr willkommen, wenn ich als einziger Mann die drei Abschlusslieder mitsingen kann.

Ich habe meinen Vater als streng und sehr gerecht empfunden. Ehrlich, aufrichtig und liebevoll, dies war seine Erwartungshaltung und dann habe ich alles bekommen, was ich von ihm wollte.

Hatte ich mal eines dieser Dinge nicht erfüllt, konnte „Kaiser Wilhelm“ ein Donnerwetter abziehen, da wollte man lieber nicht dabei sein. Nachtragend, was für ein Segen, war er jedoch nicht.

Auf meine Kinderzeit mit Fritz, dem Engel angesprochen, lachte er und erklärte mir, dies habe er mir nur zu meinem Gefallen und Freude gesagt.

Ich habe es ihm nicht geglaubt.

Da mein Vater für eine große Familie zu sorgen hatte und ein gekauftes Stück Fleisch für uns aus Einkommensgründen eigentlich unerreichbar war, wurde mit den Essensresten und den Gartenabfällen immer ein Schwein großgezogen und bei entsprechendem Gewicht verwurstelt.

Gleichzeitig hatte er mehrere Jahre in den Hasenställen mehr als 120 Schlachthasen gleichzeitig. Eine Qual und Strafe aus Kindersicht für meinen Bruder und mich, da wir für das Futter zuständig waren und diese Zeit von unserer wertvollen Spielezeit abging.

Als niemand in der Familie mehr auf Hasenfleisch Appetit hatte, baute er Verschläge mit engem Gitterzaun, kaufte männliche Küken, gerade mal einen Tag alt, brachte sie im Karton nach Hause und fortan wohnten manchmal 300 bis 400 Küken für ein paar Wochen in diesen Verschlägen, wegen der Kälte und dem Fuchs nicht in unserem Garten, sondern in unserer riesigen und immer beheizten Wohnküche.

Beim Abendessen war das Piep, piep unsere Begleitmusik. Dann hat meine Mutter die Verschläge zugedeckt und sofort war es still. In ihrer Jugendzeit zogen die Hähnchen dann um, in die Ställe im Garten.

Als sie groß waren, gab es am Wochenende Hähnchen satt.

Hasenbraten und Hähnchen mag ich heute nicht so gerne.

Mit 61 Jahren ist er im Winter auf einem Holzlaster ausgerutscht und ein paar Meter tief gefallen. Nach vielen Wochen im Krankenhaus, ein Bein nunmehr etwas kürzer, als das andere, konnte er seine geliebte Arbeit nicht mehr ausführen.

Schwer beeindruckt hat ihn der zweimalige Besuch seines Chefs im Krankenhaus, wegen der Wertschätzung und der sehr guten Flaschen Wein.

„Besser humpeln und am Stock gehen, als gestorben“ So war mein Vater, der Kaiser Wilhelm.

Einmal im Jahr kam meine Tante Ilse und Onkel Albert aus Eckernförde zu Besuch. Tante Ilse war eine sehr schlanke Dame und sie rauchte Zigaretten in Rekordzeit, übrigens die gleich

Menthol Sorte wie Helmut Schmidt. Zwei Dinge von ihr sind mir unvergessen.

Fasziniert schaute ich immer von der Seite zu, wenn sie an ihrer Zigarette zog. Ich stellte mir vor, dass sich ihre Backen im Mundinnern bestimmt berühren, denn beim Ziehen waren an jeder Backe riesige Einbuchtungen.

Sie war eine liebevolle Tante und hat mich immer auf die Seite genommen und ganz leise gefragt, wie es denn meinem Engel ginge und wann ich ihn zum letzten Mal gesehen oder gespürt hätte.

Mehrmals sind mein Vater und ich zum Pommerntreffen nach Dortmund gefahren. Vater und jüngster Sohn im Doppelzimmer eines gediegenen Hotels.

Zur Westfalenhalle, dort waren abertausende seiner, durch den schlimmen Krieg geflüchteten Landsleute mit vielen Fahnen und Schildern der Städte und Regionen in Pommern.

Es hat mein Herz und meine Seele menschlich berührt, als alle gemeinsam das Pommernlied anstimmten, welches meine Oma mir oft vorgesungen hat.

Er war aus einem winzigen Dorf, knapp 100 Kilometer von Stettin entfernt, im Landkreis Naugard gelegen. Jedes Jahr haben wir bei dem Schild mit dem Namen des Dorfes zwei bis drei Männer getroffen, die meinen Vater, die Eltern und den im Krieg als vermisst gemeldeten Bruder, meinen Onkel Ernst noch persönlich kannten.

Die drei großen, starken Männer lagen sich weinend in den Armen, sprachen von alten Zeiten, von der Dorfschule mit den beiden Klassen 1 bis 4 und 5 bis 8 von ihrer Jugendzeit und manchen Streichen. Nach einer geraumen Zeit zog mein Vater mich stolz nach vorne zog und mit fester Stimme sagte er: „Dies ist mein Eduard, mein jüngster Sohn, ein halber Pommer“!

Den Liedtext habe ich von meinem Vater mit der Bitte erhalten, seine Heimat für ihn so aufrecht zu erhalten und ihm ab und an es vorzusingen. Bin ich an einem meiner Lieblingsplätze in der von meinem Vater so geliebten Natur, sehe ich mich um, ob niemand in der Nähe ist, nestle mein Liedblatt aus dem Geldbeutel und singe dieses Lied. Das mache ich für meinen Vater und meine Oma sehr gern. Natürlich auch für Opa und Onkel Ernst.

Unsere gemeinsamen Gespräche waren thematisch breit gestreut, mein Vater war viel in der Welt herumgekommen, wusste viel und nie kam der Humor zu kurz.

Hoch interessiert lauschte er einer Erzählung einer meiner vielen Träume. Die meisten meiner Träume sind so schön, dass eine Unterbrechung sehr ärgerlich war.

Mein Vater und ich hatten einen ähnlichen Weingeschmack, man erinnere sich bitte an meinen Einschulungstag in 1956, und so probierten wir im Lauf der Zeit allerhand Tropfen aus verschiedenen Ländern, welche im Barrique-Fass gereift waren, unseren Lieblingswein.

Als Heranwachsender bin ich ab und an mit ein paar männlichen und weiblichen Freunden nachts über den Zaun verbotenerweise ins Freibad geklettert, haben uns unserer Kleidung entledig und sind ins Wasser gesprungen.

Zeitlebens war ich nie ein besonders guter Schwimmer und nach wenigen Zügen schwappten schon die ersten kleinen Wellen des Schwimmbadwassers in meinen Mund.

So geschah es auch mehrmals in meinen Träumen und ich erzählte ihm.

Über den Zaun, Kleider runter, kurzer Blick zu den Mädchen, rein ins Wasser, die ersten Wellen in den Mund und ich war total überrascht, konnte es nicht glauben, es war feinster Rotwein, mindestens 24 bis 36 Monate im Eichenfass gelagert, traumhaft und ich wache auf.

Vaters Reaktion: "Ein sehr schöner Traum, da wäre ich auch gerne dabei gewesen – und warum hast Du mir nicht Bescheid gegeben".

Mein Vater hat meine Mutter um 7 Jahre überlebt und er hat diese Jahre als die schlechtesten seines Lebens beschrieben. Ein paar Wochen vor seinem Tod habe ich ihn in seiner kleinen Wohnung besucht. Wir haben Kaffee getrunken und uns über alte Zeiten unterhalten.

„Ich habe noch was für dich, mein Jung" sagte er und reichte mir das Hohenzollernbuch mit der Widmung seines Preußenchefs. „Nun soll es bei Dir einen Platz finden und eines schönen Tages vererbst du es an eines deiner Kinder".

Nun wohne ich ja in der Nähe der Hohenzollernburg und das Buch der Hohenzollern liegt parat.

Ich habe mir vorgenommen, dass ich alsbald meine Aktion von vor vielen Jahren wiederholen werde. Weht die Fahne der Preußen mal wieder über der Burg, fahre ich hin und frage wieder jemanden freundlich, ob mir der jetzige Chef des Hauses Hohenzollern, seine Königliche Hoheit, Prinz Georg Friedrich eine Widmung in das Buch schreiben würde, vererbe es dann wiederum an meinen jüngsten Sohn, der dann seinerseits in einigen Jahren, wenn die Zwillinge von Prinz Georg Friedrich groß geworden sind, bei denen um eine Widmung nachfragen kann.

Und so kann es dann ja weitergehen.

In schlichtes Papier eingepackt hat er mir noch etwas gegeben und ich packte es aus.

Es war das letzte Parkettstückchen, einer meiner vielen tausend Bausteinen, mit denen ich als Kind gespielt hatte. Völlig überrascht, tief berührt und hoch erfreut nahm ich es entgegen.

Jetzt mit über 40 Jahren hatte ich es wieder und es ist so kostbar für mich, um nichts in der Welt würde ich dieses kleine Stück Holz hergeben.

Er verabschiedete mich an diesem schönen und unvergessenen Tag mit den Worten: „Ich habe dich mal angelogen". „In Pommern hatte ich als Kind auch einen Engel, aber niemand etwas sagen".

Eine unvergessene und herzliche Umarmung zwischen Vater und Sohn.

An seinem Bett habe ich zwei Monate später die letzten 14 Stunden verbracht, er lag im Koma und trotzdem habe ich ihm von meinem schönen und spannenden Leben als seinem jüngsten Sohn erzählt und mich herzlich für alles bedankt.

Grundsätzlich ist es meine Überzeugung, dass Sterbende in dieser Phase ganz besonders feinfühlig sind, alles hören, alles registrieren.

Au revoir et merci, Pere

ENGEL IM JUDENTUM

Rabbiner Avraham Radbil sagt:“ Engel = Malachim, hebräisch und bedeutet Bote, sind Fürsprecher ohne Flügel, Wesen ohne Körper und gute Taten machen sie zu unseren Anwälten vor Gottes. Das ganze Wort ist im Judentum eine zu vermeidende Form und dies möchte ich hier respektieren.

Zu diesem Thema hat mir am besten die Internetseite –religionen-entdecken, einer Seite für Kinder gefallen.

Dort steht, dass Juden, wie Christen und Muslime an Engel glauben. Solche Gemeinsamkeiten gefallen mir besonders gut und beflügeln, im wahrsten Sinne des Wortes, mich in meinem Glauben, dass wir alle in Glaube, Liebe und Frieden leben können.

Die Engel sind für die Juden unsterbliche Wesen, die Gottes Botschaft weitergeben und dafür sorgen, dass die Menschen seinen Willen befolgen.

Jeder Engel hat nach jüdischem Glauben seine eigenen Aufgaben. Manche begleiten die Juden am Schabbat (Ruhetag) und werden mit einem besonderen Lied dazu eingeladen.

Die Bibel erzählt auch von Engeln, die in der Gestalt von Menschen wichtige Dinge verkünden oder vor einem Unglück warnten, bewahrten.

Auch Abraham und Jakob, bestens bei Christen, Muslimen und Juden bekannt, begegnen in der Bibel Engeln in Menschengestalt.

Da sind wir uns in vielen Dingen doch recht nahe!

Zusammenfassend meine ich, dass nach meiner Kenntnis in fast allen Religionen und Glaubensrichtungen unserer Welt Engel ihrer lichtvollen Tätigkeit zum Wohle der Menschen nachgehen.

Und wie oft hat uns ein lieber Mitmensch schon etwas besonders Gutes mitgeteilt, erledigt, uns eine besondere Freude bereitet, uns geholfen, ist liebenswert zu uns gewesen, selbstlos für einen anderen eingetreten, hat uns angelächelt, wenn wir traurig waren, uns gestreichelt, an der Kasse vorgelassen, die Türe aufgehalten, eine schwere Tasche getragen, einen unerwarteten Krankenbesuch gemacht, Pannenhelfer in der Not, etwas verziehen, die liebenswerten Schwestern und Ärzte, herzliche Menschen, wie ich sie ständig persönlich in der Altenpflege kennenlerne, denkt an die Engel-Sanitäter, Menschen, die an allen Tagen sich um unsere Sicherheit sorgen, ich könnte noch viele Beispiele aufzählen, die Liste wäre lang und länger.

Ich denke, wir gehen einfach nach der alten Pfadfinderdevise vor: „Jeden Tag eine gute Tat begehen, oder auch zwei".

Und wie oft haben wir dann schon gedacht oder es sogar ausgesprochen:

- DU BIST EIN ENGEL!

RAUCH UND DYNAMIT

In einem kleinen Dorf besuchte ich ein Ehepaar, erst Mitte 40. Wie mir die Frau am Telefon erklärte, hatte ihr Mann eine Krebsdiagnose erhalten und komme damit nicht zurecht.

Normalerweise frage ich, ob der zu Besuchende uns auch überhaupt haben möchte, ob es ihm recht sei, ob er auch gefragt wurde.

In diesem Fall hatte ich es versäumt und musste mit den Konsequenzen leben.

Ich kam in das Haus und stellte mich und unsere Gruppe vor. Ein Donnerwetter der besonderen Lautstärke kam hauptsächlich über seine Frau herein und das meiste kann hier nicht wiedergegeben werden.

Nach einer Weile beruhigte er sich wieder und ich versuchte ihm zu vermitteln, dass es seine Frau nur gut gemeint habe und ihm helfen wolle.

Seiner Antwort, immer wenn es in seinem Leben jemand gut mit ihm gemeint hätte und ihm helfen wollte, sei es nicht gut ausgegangen, hätte es sich zu seinem Nachteil hin entwickelt. Es ist ein verbitterter Mann, vom Leben und von der Krankheit schwer gezeichnet, mit sehr negativen Gedanken.

Ich frage ihn, ob ich bei ihm bleiben kann und ab und zu ihn besuchen darf.

„Aber nur unter der Bedingung, dass wir miteinander einen Actionfilm uns ansehen, nicht von Gott sprechen und nicht beten“. Er schleppte sich an einen Schrank und öffnete diesen.

Darin waren hunderte von DVD`s, er sagte mir, hier liegen über 350 Filme und nur Actionkracher, so sein Ausdruck.

Nach dem turbulenten Auftakt fiel mir erst jetzt auf, dass er eine Zigarette nach der anderen rauchte und seine Diagnose, so seine Frau, Lungenkrebs war. Auch sie schien mir eine Kettenraucherin zu sein.

Ich überlegte fieberhaft, konnte ja kaum jemand aus unserer Gruppe, welche zu weit über 90 % aus Damen besteht, hier zum Einsatz bitten. Was sollte ich tun?

„Na, da stößt der Kirchenmann wohl an seine Grenzen“ und hörte ein wenig triumphierendes aus diesem Satz.

„Wenn ich nicht auch noch rauchen muss, bin ich einverstanden, welchen Film wollen wir heute schauen“? so meine Frage an den erstaunt blickenden und schon sehr abgemagerten Mann in seinem Krankenbett.

„Wir beginnen mit –Stirb Langsam 1. Teil – und sehen dann“, so seine Worte und ich denke mir, welch ein Titel in der Sterbebegleitung. Nach über zwei Stunden habe ich meinen Heimweg angetreten und wir vereinbarten, dass seine Frau mich wieder anruft, wenn er mich wieder bei sich haben möchte.

Ehrlich gesagt, habe ich nicht mehr mit einem Anruf gerechnet und ich sollte eines Besseren belehrt werden, eine Lehrstunde der besonderen Art bekommen.

Am nächsten Tag läutet mein Telefon und die Ehefrau des Actionhelden ist dran. Sie sagt mir, dass es ihr peinlich sei, aber ihr Mann habe sie gebeten, bei dem komischen Mann anzurufen und sie soll ihn fragen, ob er Lust auf den 2. Und 3. Teil des gestern gesehenen Films hat

Also, ich habe ja Ehrgeiz in mir und gebe mir auch keine Blöße. Spontan sage ich zu und so verbringe ich die kommenden 4 Wochen nahezu täglich und zu allen möglichen und unmöglichen Zeiten im Wohnzimmer vor dem Fernseher und ziehe mir den Terminator, Mad Max, Rambo und viele mehr rein, es wird geschossen, Hochhäuser fallen um, Flugzeuge stürzen ab, es kracht an allen Ecken und Enden. Ein klein wenig beschleicht mich das Gefühl, mein neuer Freund möchte testen, was hält der aus und wer zuckt zuerst.

Was sich an einem Dienstagvormittag, nach gefühlt Hundert Filmen schauen, ereignet, lässt mich nie mehr los, lässt mich diese Geschichte hier aufschreiben und erzählen. Natürlich habe ich vorher seine Familie und ihn selbst gefragt und um ihre Zustimmung gebeten.

Ich komme ans Bett und wir begrüßen uns. Ich möchte ihn Norbert nennen.

„Was sehen wir heute für einen Film an“? frage ich freundlich und Norbert lächelt mich an. „Ich möchte mich mit Dir unterhalten, kein Film mehr, ich werde Sterben, ich fühle es“.

Er erzählt mir, dass er, so wörtlich, ein Scheiß Leben führte. Sein Stiefvater hatte ihn jeden Tag verprügelt und meistens hatte er nicht mal einen Grund. Mischte sich die Mutter ein, bekam sie auch gleich Schläge.

Mit 19 Jahren ist er zu seiner Freundin in deren Elternhaus gezogen, hat sie geheiratet und sie haben eine Tochter und einen Sohn bekommen.

Norberts Stimme wurde leiser, als er erzählt, dass auch er seine Kinder und seine Frau geschlagen hat. „Alles wiederholte sich, obwohl ich es nicht wollte“

Die Katastrophe nahm ihren Lauf, die Schwiegereltern zeigten ihn an, das Jugendamt stand vor der Türe und am Ende des Tages verließ er ohne Kinder, die bei den Großeltern bleiben konnten, aber zusammen mit seiner Frau das Haus. Sie lebten einige Zeit auf der Straße, bettelten, tranken bis zum Umfallen.

Als beide im Krankenhaus lagen, kamen die beiden Kinder, inzwischen nahezu erwachsen und saßen schweigend eine halbe Stunde bei ihren Eltern und gingen dann traurig wieder nach Hause.

„So konnte es nicht weitergehen", sagte Norberts Frau und beide nahmen die angebotene Hilfe an. Norbert bekam eine Stelle als Hilfsarbeiter, er hatte ja nichts gelernt, keinen Schulabschluss und keine Berufsausbildung, seine Frau bekam eine schöne Stelle in einem Hotel.

„Eduard, gib mir und uns einen Rat". „Ich muss sterben, zu Recht". „Aber ich muss unbedingt meine Kinder, meine Frau und meine Schwiegereltern um Verzeihung bitten, ihnen Danke sage". „Was soll ich tun"?

„Und dann möchte ich noch, dass du mit mir betest". „Kannst du überhaupt auswendig beten"?

Während wir den Psalm 23 und das Vaterunser miteinander beten, weint Norbert bitterlich.

Ich sehe in die pure Verzweiflung. „Hilf mir, egal wie"!

„Gib mir ein paar Stunden Zeit, dann komme ich wieder und wir sprechen".

Mein Weg führt mich zu meinem Schutzengel. Auf einer Bank mit einem wunderschönen Ausblick auf unsere Berge rufe ich um Hilfe, bitte um Nachricht und eine gangbare Lösung für dieses auch für mich nicht alltägliche Problem.

Abends bin ich mit einer kleinen Mappe wieder bei Norbert und seiner Frau und sehe sofort, jetzt eilt es. Es sieht nicht gut aus für ihn. „Ich hoffe, dass es so recht ist, wenn ich für Dich und Deine Frau bete“ und die beiden nicken mit dem Kopf. Sie können nicht mehr sprechen.

Mein Gebet nennt die Probleme und die Gewalt und ich bitte die Schutzengel von Norbert und seiner Frau um Hilfe, um Verzeihung, dass die Kinder trotzdem eine gute, starke und liebevolle Seele in sich tragen können. Mit dem Vaterunser endet diese Für- und Segensbitte.

Ich hatte vier beschriftete Blätter vorbereitet und darauf einen Auszug von Astrid Lindgrens vielbeachteter Rede vom 22. Oktober 1978 in der Frankfurter Paulskirche „NIEMALS GEWALT“ geschrieben. Der Börsenverein des Deutschen Buchhandels hatte erstmals einer Kinderbuchautorin den Friedenspreis verliehen.

Es geht darin um veraltetes und verkehrtes Denken in der Erziehung von Kindern, dass „die Rute nicht schade“ und ähnliches. Sie erzählt von einer Mutter, deren Sohn durch sein Fehlverhalten, Schläge mit der Rute verdient hat und sie ihn in den Garten schickt, eine Rute zu holen und ihr zu bringen. Nach langem, vergeblichen Suchen kommt der Sohn zu seiner Mutter zurück und bringt einen Stein mit. Er habe keine Rute gefunden und deshalb einen Stein mitgebracht und meint zu ihr, wenn sie ihn mit einer Rute schlagen möchte, kann sie ersatzweise auch einen Stein nehmen und nach ihm werfen.

Der Mutter fällt es wie Schuppen von den Augen und sie nimmt ihren Sohn liebevoll in den Arm, weint und bittet ihn um Verzeihung.

Norbert versteht die Botschaft, ist einverstanden und tief berührt.

Ich bitte ihn, alle seine Kräfte zu mobilisieren und noch handschriftlich ein paar persönliche Worte an seine Frau, seine Kinder und an die Schwiegereltern zu schreiben. „Dann in das jeweilige Kuvert und zukleben, ich werde die Briefe sofort überbringen“.

Ein kurzer Einwand von Norbert:“ Und wenn ich Fehler mache“? Als er meinen Blick sieht, sagt er:“ Ja, schon gut, ich habe verstanden“.

Ich verabschiedete mich von Norbert und er dankte mir für alles, weil er mich jetzt nicht mehr sehen wird. „Alles wird gut werden“, so mein letzter Satz an ihn, „Du kannst Dich auf Deinen Schutzengel verlassen“. „Ich vertraue Dir, Eduard und Danke“.

Kaum war ich bei seinen Kindern und den Schwiegereltern, kaum hatte ich die Briefe abgegeben, rief seine Frau an und berichtete, Norbert sei gerade eingeschlafen.

7 Menschen waren bei der Beerdigung und Trauerfeier von Norbert. Die Kinder und die Schwiegereltern berichten mir, dass sie Norberts Nachricht immer mal wieder und voller Berührung lesen.

Seitdem sind zwei Jahre vergangen und mit großer Freude sehe ich die Entwicklung in dieser Familie. Die Tochter und Mutter ist wieder im Elternhaus, beruflich geht es bei der Mutter und den Kindern voran und in wenigen Wochen heiratet die Tochter und es soll schön gefeiert werden.

Berührt nehme ich die persönliche Einladung zu der Hochzeit und eine dankbare Umarmung entgegen und sage freudig zu.

SAMMLER DER GUTEN NACHRICHTEN

Vor vielen Jahren habe ich die schöne Geschichte einer Gräfin gelesen, die sehr alt wurde, weil sie eine Lebensgenießerin par excellence war. Deren Lebensgewohnheiten waren mir so nahe, dass ich sie für mich etwas änderte, meiner Zeit anpasste. Ich möchte sie Euch hier erzählen.

Niemals verlasse ich mein zuhause, ohne mein Kalenderbuch, zwischenzeitlich besitze ich 36 Stück für 36 Jahre davon. Mein Kalenderbuch ist nicht nur wichtig für die ausgemachten Termine, die wichtigen Telefonnummern, den Notizen meiner Gespräche, sondern beinhaltet auch eine Rubrik für die Strichliste, um die schönen Momente des Tages bewusster wahrzunehmen und um diese besser zählen zu können.

Am Anfang hatte ich auch die negativen Erlebnisse notiert, habe aber schnell bemerkt, es tut mir nicht gut. Also ließ ich es fortan bleiben.

Jede positive Kleinigkeit, die ich tagsüber erlebte – zum Beispiel einen fröhlichen Plausch auf der Straße, das schöne Lachen einer hübschen Frau, meine Kinder, die ich liebe, ein köstliches Mahl mit einem guten Glas Wein, einen schattigen Platz in der Mittagshitze, eine grandiose Wolkenkonstellation, eine gute Tat, schöne Musik – für alles, was die Sinne erfreute, machte und mache ich einen Strich in dieser Rubrik. Manchmal musste ich gar zwei oder drei Striche machen.

Abends sitze ich dann still hin und zähle meine Striche, zelebriere diese und führe mir nochmal vor meine Augen, was mir an diesem Tag viel Schönes widerfahren war und freue mich wie ein kleines Kind. Und sogar, wenn ich manchmal nur einen

Strich zählte, mein Tag war gelungen – es hatte sich zu leben gelohnt.

Seit neuestem habe ich kein Buchkalender mehr, sondern mache ganz modern und wie es sich gehört, Striche bzw. Zeichen in mein Smartphone.

DIE GEBURT UND DAS FEUER

Ein Freund aus einer anderen Geschichte in diesem Buch macht mich auf einen Bauernhof, auf eine besondere Familie, die diesen Aussiedlerhof mit dazugehörigen Hofladen betreibt, aufmerksam. „Lieber Eduard, geh mal zu diesen Leuten". „Sie werden Dir eine Geschichte erzählen, die ist wie gemacht für Dich und Dein Projekt".

So neugierig gemacht, lasse ich mich vermitteln, sozusagen empfehlen und wenige Wochen später bin ich auf dem Weg zu dem besonderen Aussiedlerhof.

Es ist gleich eine herzliche Begrüßung und zuerst gibt es ganz viele Fragen zu den Themen Sterben, Tod und Trauer, unserer Hospizarbeit. Die Dame des Hauses erzählt mir, dass sie mit ihrer Familie erst vor wenigen Jahren binnen kurzer Zeit beide Elternteile ihres Mannes im Sterben begleitet hat und dass es sehr schwer war, aber auch für ihre Seele gewinnbringend.

Ich erfahre noch, dass die beiden Söhne für längere Zeit abwesend sind, sich zur Ausbildung im Ausland befinden und später einmal den Hof, heute mit über siebzig Milchkühen und viel Obst, Gemüse, Brot aus dem Holzbackofen und vielem selbst hergestelltem für den Hofladen, von dem Ehepaar betrieben, übernehmen werden. Der Vater sagt noch:" Die beiden werden mal alles ganz anders machen, als wir heute und ich muss mich anstrengen, dass ich mit der Entwicklung und deren Vorhaben noch mitkomme". „Es wird schon werden", sagt seine Frau und wir vereinbaren uns für die Woche darauf.

„Wird es Ihnen nicht zu viel, wenn Sie mehrmals die lange Anreise auf sich nehmen"? „Ist dies unsere Geschichte überhaupt wert"?

„Also“, entgegne ich, „bei solchen Empfehlungen, wie ich sie erhalten habe, allemal“ und fahre gutgelaunt wieder nach Hause.

Bei meinem nächsten Besuch wurde mir eine kleine Führung des Hofes zuteil und ich war beeindruckt. Die Kühe hatten einen überdachten Freilauf, konnten aber auch jederzeit auf die Wiese, kamen auf Zuruf zu ihrem Bauern. Alles war automatisiert, sogar eine elektrische Bürste zur Selbstmassage. Schon toll, dachte ich, wie die Entwicklung fortgeschritten war.

Erzähle ich zuhause von meinen Kindertagen und wie es damals zuging, denke ich, ich sei schon steinalt und mein jüngster Sohn pflegt dann oft augenzwinkernd zu sagen: Ja, Ja, Papa, früher hatten wir auch einen Kaiser“.

Als alle Kinder noch zuhause wohnten und ich mal wieder von der Männergrippe ereilt wurde, konnte ich ab und zu einen kleinen Zettel auf meinem Nachttisch finden. Eines meiner Kinder hatte dann die Frage für mich aufgeschrieben:“ Lieber Papa, wen von der Hospizgruppe sollen wir anrufen“?

Nach über 5 Jahren wollte sie mal wieder ihre Schulfreundin, wohnhaft über 500 Kilometer entfernt besuchen, ein paar Tage entspannen, reden und sich erholen.

Alles war organisiert und die beiden Hofhelfer waren extra von der Chefin ermahnt worden, dass diese ihren Mann ja gut unterstützten, auf ihn achteten. Eine gute Nachbarin wollte jeden Tag ein gutes Mittagessen für die Männer zubereiten, für das Frühstück und das abendliche Vespern wollten diese selbst sorgen, wollten zeigen, dass sie sich auch allein helfen können.

Für ein kleines Problem wurde separat gesorgt. Der Hausherr hatte einen richtig guten, tiefen Schlaf, war wohl nicht so leicht wach zu kriegen. Daher wurden im Schlafzimmer, ausdrücklich nicht in Reichweite, zwei große Blechschüsseln mit allerhand Besteck drin,

aufgestellt. Dazu kamen dann zwei große Wecker, etwas ältere Jahrgänge, deren Klingeln laut und deutlich zu hören waren. So gewappnet sollte der Hausherr rechtzeitig für seine Kühe aufstehen können.

Um 22.00 Uhr würde der ICE ankommen und die Freundin kommen, sie am Bahnsteig abholen, dann noch eine knappe Stunde Autofahrt und dann müde ins Kissen fallen, so war der gedachte Fahrplan.

Wir begrüßten uns herzlich und gleich ging es auf den Heimweg. Mitten in der Wildnis leuchtete das Warnblinklicht eines PKW und ein Mann winkte und fuchtelte ganz wild mit beiden Armen. „Meinst du, wir sollen anhalten, am Ende ist er ein Gangster", rief meine Freundin und ich meinte spontan, dass wir ja zu zweit seien und auch nicht gerade schmal gebaut, also hielten wir an und es sollte gut sein.

Der Mann bedankte sich überschwänglich, es seien schon mehrere Autos vorbeigefahren, sein PKW läuft nicht mehr, seine Frau bekommt ein Kind, das Handy hat kein Empfang, unseres gibt ebenfalls kaum einen Balken her und so beschließen wir, dass meine Freundin weiterfährt, sich um einen Notarztwagen kümmert und ich als Mutter zweier Söhne zur moralischen und sonstigen Stütze bei dem jungen Paar bleibe.

Keine halbe Stunde vergeht und wir sind alle in der Klinik, nichts ist passiert, alles ist geregelt, alle Augenblick wird der neue Erdenbürger zur Welt kommen.

Nun ist es schon nach Mitternacht und ich habe den Einfall, meinen Mann anzurufen und ihm von der Aufregung zu erzählen und dass ich noch nicht bei meiner Freundin zuhause bin.

Es klingelt einmal ganz durch und ich weiß, Erwin schläft wie ein Bär und lasse es nochmal durchklingeln. Verschlafen meldet sich mein Mann und ich erzähle ihm in kurzen Zügen, was ich erlebt habe und noch erlebe, denn meine Freundin und ich wollen unbedingt im Krankenhaus bleiben uns sehen ob es dem Mädchen oder dem Jungen gut geht. „Ihr habt Nerven“, brummt mein Mann ins Telefon, und legt wieder auf.

Ab jetzt erzählt Erwin, dass er beim Zurückgehen ins Bett, etwas ärgerlich verstimmt vom Aufwecken, einen Lichtschein durch die Vorhänge bemerkt und ans Fenster geht.

Vor Schreck bleibt ihm fast sein Herz Stillstehen, in der Scheune mit dem Stroh sieht er einen Feuerschein.

Telefon, Feuerwehr, die beiden Helfer schreiend wecken, nach den Tieren sehen. Wenig später sieht er Blaulicht, die Feuerwehr, die Polizei und dann geht die Hilfe los.

Dass kein einziges Tier, kein Mensch zu Schaden kam, ist ein Wunder, ein technisches Problem hatte den Brand verursacht, einen hohen Sachschaden angerichtet und jetzt erzählen Erwin und Luise wie aus einem Mund.

Lucas, so heißt der gesunde Junge, der in dieser Nacht zur Welt kam, feierte seinen 1. Geburtstag mit seinen Eltern bei Luise und Erwin auf dem Bauernhof mit der neuen Scheune. Schließlich war er der Auslöser des Feueralarms.

Zu Weihnachten soll Lucas von seinen Freunden vom Aussiedlerhof einen Kindertraktor erhalten und für nächstes Jahr werden er und seine Familie eingeladen, Ferien auf dem Bauernhof zu machen und mit Erwin auf dem großen, richtigen Traktor fahren.

Und den Kühen zusehen, wenn diese in den Stall kommen und durch ihre Berührung die Kratzbürsten in Gang setzen.

Bin ich in der Nähe des Aussiedlerhofes, kaufe ich immer etwas im Hofladen, halte ein kleines Gschwätzle mit Erwin und Luise und schaue ein wenig den Kühen beim Kratzen zu.

Da habe ich jetzt auch die beiden Söhne der Familie kennengelernt und bin sehr berührt über deren Herzlichkeit.

So haben mir beide von in ihren Gastfamilien erzählt, auf deren Höfen sie sich weiterbilden ließen. Dort waren die Großväter im Krieg gewesen und hatten trotzdem keine Ressentiments gegen unser Land.

Sie sprachen uns gegenüber eher davon, wieviel besser es ist, in Frieden miteinander zu leben und bezeichneten uns alle ja als das beste Beispiel.

Jeder der beiden Brüder bekam beim Verabschieden von den Großvätern ein kleines Blatt mit der gleichen Geschichte und beide tragen es seither in ihrer Geldbörse mit sich. Ich darf es lesen und hier verwenden.

Der alte Bauer bestellte seit Jahren zusammen mit seinem Sohn einen kleinen Hof. Die beiden hatten mehrere Felder und ein kräftiges Pferd, das den Pflug zog.

Eines Tages war das Pferd weg. „Welch ein Unglück", jammerten die Nachbarn. Doch der Bauer antwortete nur:" Glück oder Unglück – wer weiß, wer weiß".

Die Woche darauf kam das Pferd zurück und brachte fünf wilde Pferde mit. Wieder kamen die Nachbarn zu Hof, diesmal zum Gratulieren. Doch der Bauer sagte nur:" Glück oder Unglück – wer weiß, wer weiß?"

Am nächsten Tag wollte der Sohn das erste wilde Pferd zähmen. Aber er wurde abgeworfen und brach sich ein Bein. „So ein Unglück", klagten die Nachbarn wieder. „Glück oder Unglück – wer weiß, wer weiß?", antwortete der Bauer.

Drei Tage später kamen Offiziere ins Dorf und sie zogen alle jungen Männer für den Krieg ein. Doch den Sohn des Bauern konnten sie nicht gebrauchen.

So blieb er als einziger junger Mann im Dorf und am Leben.

Unbekannter Verfasser

Lucas und seine Eltern wohnen so weit weg und alle sind doch so eng und herzlich miteinander verbunden.

ICH LIEBE DICH - DITO

Bei dieser Geschichte zeigt sich mal wieder, wie wichtig eine gute Vernetzung ist und ich für meine Anliegen Menschen kenne, die etwas dazu sagen können, oder jemanden kennen, der wiederum jemanden kennt und dieser weiß es dann.

Ich habe eine Anschrift und eine Telefonnummer mit einer Empfehlung erhalten, welche mich aufhören, ja gespannt sein lässt.

Anrufen im Nachbarland und freundlich fragen: „Sie haben ja meinen Brief von unserer gemeinsamen Freundin erhalten und kennen mein Anliegen". „Darf ich mich mit Ihnen unterhalten"?

„Lieber Eduard Maass, Sie beschäftigen mich schon einige Tage und ich überlegte hin und her, soll ich, oder soll ich nicht, ich schlage eine gemeinsame Schifffahrt auf dem Bodensee vor". „So lernen wir uns persönlich kennen und dann entscheiden wir beide – können wir miteinander ein solch persönliches Thema angehen, einverstanden".

Ich erwidere, dass dies ganz in meinem Sinne ist, mich darauf freue, ihn kennenzulernen und wir vereinbaren einen Termin, ganze 2 Monate später. „Bei schönem Wetter redet es sich leichter", so mein Gesprächspartner. Sehr vielversprechend und positiv, denke ich bei mir.

Eine beeindruckende und sehr gut aussehende Persönlichkeit erwartet mich an der vereinbarten Stelle und sieht mich fragend an. „Wohin wollen Sie denn mit ihrem Koffer"? Ich erkläre, dass ich seit meinem Schlaganfall nur noch über begrenzte Kraft und Konzentration verfüge, nach ein paar Stunden den Schlaf suchen muss und deshalb auch die weite Strecke nicht mehr nach Hause fahren kann.

„Ja das kommt ja überhaupt nicht in Frage. Mit mir tiefschürfende Gespräche weit in meine Seele gehende Unterhaltungen führen und dann in ein unpersönliches Hotel gehen, so geht es nicht“.

„Ich lade Sie ein in mein bescheidenes Heim, abgemacht“?

Ich sage spontan zu, ab sofort duzen wir uns, wir fahren mit dem Schiff und wir verbringen drei schöne, beeindruckende Tage und Abende miteinander und mein neuer Freund erzählt.

Anfang der neunziger Jahre nehme ich an einer Seminarreihe des mittleren Managements am Bodensee teil, überschaubarer Teilnehmerkreis – 4 Damen und 5 Herren. Eine großgewachsene, rothaarige Frau, burschikos, Selbstbewusst und wunderschöne, ich denke mal 1000 Sommersprossen im Gesicht. Sie fasziniert mich vom ersten Tag an und wenn ich sie anlächle, ich werde unruhig, sie lächelt zurück.

Zum Ende des Seminars tauschen wir unsere Karten aus und wollen telefonieren. Ich rufe am gleichen Abend an, sie reagiert etwas erstaunt, worauf ich ihr sage:“ Nachher ist ein anderer Mann schneller als ich, ruft vorher an und meine Chancen bei Dir sind dann gleich null“.

Das Eis ist gebrochen, wir werden ein Paar, die schönste Zeit meines Lebens beginnt. Dazu läuft es noch beruflich optimal, manchmal denke ich, ich wohne im Paradies.

Mindestens zweimal am Tag sage ich ihr: „Ich liebe Dich“! und sie antwortet immer mit: „Dito“!

Wir wohnen jetzt zusammen in einer sehr schönen Wohnung und irgendwann fällt es mir, nicht negativ auf, dieses „Dito“ und ich frage meine Kirsten (Name verändert), nach dem Warum.

„Das habe ich von Patrick Swayze geklaut“. „Was, Du kennst den Film nicht“? „Ich gehe sofort zur Videothek und besorge ihn“. „Heute ist Filmabend“.

GHOST – NACHRICHT VON SAM

Ist der Filmtitel, Demi Moore, Patrick Swayze, Whoopi Goldberg sind die Akteure und ich habe noch nie davon gehört.

Mir gefällt diese Besonderheit meiner Frau und es entwickeln sich manche lustige Begebenheiten daraus, nach dem Motto – wie gut, dass niemand weiß, dass.......

Von einer Geschäftsreise kommt meine Traumfrau, meine Kirsten mit den vielen, von mir so geliebten Sommersprossen nicht mehr zurück. Ein Unfall und mein Leben, von jetzt auf nachher auf den Kopf gestellt.

Ehrlich gesagt, lieber Eduard, so erzählt er weiter, wie diese Zeit abgelaufen ist, ich weiß es nicht mehr. Es lässt sich nicht beschreiben. Beruflich nehme ich mir eine Auszeit und schöpfe wieder Kraft. Es passieren Dinge mit mir, die mich lächeln lassen, mich aufrichten.

Ich zappe auf meiner Fernbedienung rum und lande plötzlich in dem Film. Erinnerungen der schönsten Art steigen in mir hoch und ich bin froh, dass meine Seele mit der Freude reagiert, mir die Erkenntnis signalisiert – was habe ich mit meiner Kirsten für ein paar glückliche und schöne Jahre gehabt.

Nach dem Jahrtausendwechsel habe ich mich, auch beruflich neu orientiert, war wieder unter den Menschen, ging wieder aus und besuchte auch wieder alleine Ausstellungen und so manche Vernissage.

Ich lernte eine Frau kennen, du wirst es kaum glauben, mit roten Haaren und vielen Sommersprossen. Nach der vierten oder fünften Ausstellung kamen wir ins Gespräch und ich erfuhr, dass sie oft und gerne zu Ausstellungen gehe, der Spiritualität zugeneigt sei und ihr Lieblingsfilm Ghost – Nachricht von Sam ist.

So, jetzt erstmal hinsetzen. „Ist Dir nicht gut“, höre ich sie einfühlsam fragen. „Soll ich Dir ein Glas Wasser holen“?

In ihrer Wohnung haben wir uns die halbe Nacht unterhalten, ein inhaltvolles Gespräch geführt, gespürt, dass wir harmonieren können und so waren wir ein halbes Jahr später ein Paar.

Die Frau mit den schönen Sommersprossen ist mir eine ganz liebe Partnerin geworden. Wir teilen die Liebe zur Kunst und der schönen Musik, besuchen Konzerte, Ausstellungen, gehen ins Kino und sehen uns Liebesfilme an, gehen zu Kirstens Grab und sprechen mit ihr, es ist wieder das meiste im Lot.

Zueinander sagen wir, dass wir uns lieben, unendlich lieben und vor kurzem sagt mir meine Frau, Eduard und damit endet meine Geschichte für Dich:

Multipliziere meine Liebe zu Dir

mit der Unendlichkeit,

erweitere Sie um die Ewigkeit

und Du wirst im Ansatz erahnen,

wovon ich spreche

„habe ich aus dem Film Rendevouz mit Joe Black“, mit Brad Pitt und Sir Anthony Hopkins.

WAS ÜBRIG BLEIBT

Wie bereits erwähnt, hatte ich ja in 2005 einen Schlaganfall und war dann längere Zeit in der Rehabilitation.

In meinem Zimmer hatte ich einen Fernseher, ich konnte im Bett liegen, wie ein Fürst und schauen. Samstagabend, Sportschau, Pokalendspiel in Berlin, Schalke 04 gegen Bayern München.

Neben mir im Bett lag „Apoplex“, ein wunderschöner kleiner Plüschbär, den mir meine Tochter unter der Bedingung „aber wieder gesund werden“ geschenkt hatte und den wir nach meiner Krankheit benannt haben.

Bayern München hat gewonnen und der damalige Bundespräsident Horst Köhler hat dem Mannschaftskapitän Oliver Kahn unter großem Jubel den Pokal überreicht und ich musste bitterlich weinen.

Ich hatte noch nie nach einem Fußballspiel weinen müssen und wunderte mich deshalb sehr, nahm mir vor, den kommenden

Montag bei der anstehenden Sprechstunde mit meinem Neurologen darüber zu sprechen, ihn zu fragen.

Der Professor erklärte mir, dass der Schlaganfall, also der Apoplex unter anderem im Gehirn mein Gemütsteil getroffen habe und dies eine der Auswirkungen sei. Seine Frage, ob es mir weh tut, verneinte ich, worauf er konstatierte, dann sei ja alles gut.

Nach guten Überlegungen beschloss ich, es genauso zu sehen.

Viele Monate später, nach einer Vorstandssitzung unseres Fördervereins saßen wir noch zu einem sehr guten Achtele zusamen. Unser Vorsitzender, seine Frau, ebenfalls mit im Vorstand sind beide Mediziner.

In liebevollen Andenken möchte ich an dieser Stelle meiner Freundin Dr. Karin Schlagenhauf, ihr habe ich diese Geschichte erzählt danken, für ihre Warmherzigkeit, ihr Wirken und ihre Liebenswürdigkeit. Sie erläuterte mir den medizinischen Fachausdruck und ich bat sie, mir diesen aufzuschreiben:

POSTAPOPLEKTISCHE AFFEKTLABILITÄT

Fortan, wenn ich bei Fortbildungen, Tagungen und Schulungen war, die meistens mit einer Vorstellungsrunde der Teilnehmer begann, sagte ich:“ Mein Name ist Eduard Maass bin …Jahre alt, gesund und froh, hier sein zu dürfen. Eines meiner Handicaps ist die sogenannte Postapoplektische Affektlabilität“.

Nach dem ersten Erstaunen der anderen Teilnehmer kläre ich auf und bleibe bei nahezu allen in freudiger und fortwährender Erinnerung.

Bin ich in einem Saal mit vielen Menschen, setze ich mich immer in die Nähe des Ausgangs, meine eigene Vorsichtsmaßnahme und viele fragen mich nach dem warum.

Meinen Ärzten und Therapeutinnen habe ich unglaublich viel zu verdanken und ich habe während der Heimfahrt von der Rehabilitation mir fest vorgenommen, die werde ich nie vergessen und denen möchte ich dauerhaft und lebenslang meine Dankbarkeit zeigen.

Meine Kreativität, schon vorher gut ausgebaut, hat in diesen Zeiten ungeahnte Freiheiten erklommen. Und das schöne, ich finde seither ständig Menschen, die mich in diese neuen Räume begleiten, mich unterstützen und in Liebe fördern.

Meine Therapeutin versicherte mir auf häufige Nachfrage, dass ich bestimmt wieder Fahrrad fahren könne. Ich hatte so meine leisen Zweifel.

Nach ein paar Wochen fuhr ich auf einem alten Damenfahrrad die ersten Runde auf dem Parkplatz vor der Klinik und schrie sehr laut vor Freude.

Ein paar Fenster öffneten sich und ich rief: „Schaut zu, ich kann wieder fahren“.

Einer anderen Therapeutin, die mir nun beibrachte, wie man ein kleines Papierstück aus einem Blatt reißt und eine kleine Kugel daraus formt, erzählte ich, dass ich früher in der Schule besonders kunstvoll kleine Papierflieger bauen konnte. Wir haben eine Vereinbarung getroffen und an meinem Entlassungstag habe ich ihr einen ca. 3 Zentimeter kleinen Papierflieger mit einem großen Danke überreicht.

Nun fahre ich jedes Jahr zur Klinik, nehme meine ehemaligen Therapeutinnen und meinen Arzt und Neurologen in den Arm und sage von Herzen Danke.

Vor kurzem war ich zum 11. Mal da und ich werde hinfahren, solange ich kann.

Während des Betens, der Meditation kommen mir oft die Menschen in den Sinn, welche wir auf ihrem letzten Weg begleiten durften, die uns gerufen hatten.

In der Hospizarbeit, der Sterbebegleitung treffe ich auf eine Dame, die auf meine Frage, was wir ihr denn Gutes tun können, was sie gerne hätte, auf ein Buch auf ihrem Nachttisch zeigte, „Der kleine Prinz“.

Daraus wollte sie vorgelesen haben und konnte nicht genug davon bekommen. Jeder Besucher las ihr eine Geschichte vor und ich sah immer eine Ruhe, eine Glückseligkeit in ihren Augen. Als sie noch sprechen konnte, bat sie uns, dass wir bis zu ihrem Tod vorlesen sollen: „Mehr möchte ich nicht“.

Eine zerbrechliche Hand legt sich in unsere Hände und der Betreffende wird sogleich ruhiger. Vorher voller Angst und rufend:

„Helft mir doch“, ist ein Frieden spürbar und mancher gütiger, liebevoller Blick während eines Gebetes, eines Psalms ist unvergesslich.

Das habe ich mit meiner Feststellung gemeint, dass wir mehr bekommen, als wir geben.

Während der Trauerphase sprechen mich viele Hinterbliebene noch einmal an. „Ich kann einfach nicht loslassen“ höre ich oft. „Was soll ich bloß dagegen machen“?

Ich erzähle dann gerne von meinen lieben Eltern, meiner Schwester und meiner Oma, von meinen festen Gedanken des Wiedersehens in Freude und dass ich auch nach so langer Zeit auf keinen Fall „loslassen“ möchte. Warum auch? Sie bleiben bei mir und ich bei ihnen.

Übrig bleibt neben der Dankbarkeit ein fester Wille, an mir selbst zu arbeiten, mich ändern zu wollen, denn LEBENSLANG LERNER LEISTEN LÄNGER hat Professor Dr. Schmieder gesagt, geschrieben und im Park seiner Klinik steht unter anderen das Schild mit diesem Text. Und er wusste es genau.

MEDITATION UND GEBETE

Hier schreibe ich gleich als erstes ein Gebet auf, welches mich in den vergangenen Jahren sehr beeinflusst hat und ich trainiere täglich, danach zu leben:

Gebet eines älter werdenden Menschen

Herr, du weißt besser als ich,

dass ich von Tag zu Tag älter und eines Tages alt sein werde.

Bewahre mich vor der Einbildung,

bei jeder Gelegenheit und zu jedem Thema etwas sagen zu müssen.

Erlöse mich von der Leidenschaft,

die Angelegenheiten anderer ordnen zu wollen.

Lehre mich nachdenklich,

aber nicht grüblerisch, hilfreich, aber nicht diktatorisch zu sein.

Bei meiner ungeheuren Ansammlung von Weisheit

Erscheint es mir ja schade, sie nicht weiterzugeben –

aber du verstehst o Herr,

dass ich mir ein paar Freunde erhalten möchte.

Bewahre mich vor der Aufzählung endloser Einzelheiten

und verleihe mir Schwingen, zur Pointe zu gelangen.

Lehre mich Schweigen über meine Krankheiten und Beschwerden.

Sie nehmen zu und die Lust, sie zu beschreiben, wächst von Jahr zu Jahr.

Ich wage nicht, die Gabe zu erflehen, mir Krankheitsberichte anderer mit Freude anzuhören, aber lehre mich, sie geduldig zu ertragen.

Lehre mich die wunderbare Weisheit, dass ich mich irren kann.

Erhalte mich so liebenswert wie möglich.

Ich möchte kein Heiliger sein – mit ihnen lebt es sich so schwer –

aber ein alter Griesgram ist das Krönungswerk des Teufels.

Lehre mich, an anderen Menschen unerwartete Talente zu

entdecken – und verleihe mir, o Herr, die schöne Gabe,

sie auch zu erwähnen.

Amen

Teresa von Avila AD 1515 – 1582 !!!

Könnte auch von heute sein und bringt mich zu der Erkenntnis, die Probleme zwischen uns Menschen waren schon vor hunderten von Jahren die gleichen.

Ich habe im Lauf der letzten Jahre in einem Radius von etwa 15 Kilometern 7 Bänke (Dialekt = Bänkle) an besonderen Stellen gefunden, welche mir, bin ich dort, eine besondere Ruhe geben und eine Kraft in mir auslösen, dass es mich über das ganze Jahr dort hinzieht.

Dazu kommen noch 2 kleine Kapellen und eine kleine Dorfkirche.

Ganz in der Nähe eines meiner Bänkle wurde jetzt ein Ruheforst eröffnet. Viele Jahre habe ich dort regelmäßig meditiert, mir neue Kraft geholt und jetzt habe ich mich mal für 99 Jahre eingemietet. Dann sehe ich weiter.

Eine ganz besondere Ruhe und Kraft in meiner Seele finde ich in der Nähe meine Enkel Chiara und Julian.

Oft, sehr oft besuche ich diese für mich kraftgebenden Stellen und meditiere, führe Gespräche (Dialekt = Gschwätzle). Erquicklich und unterhaltsam sind die Unterhaltungen mit meiner Mutter, meiner Oma, meiner Schwester und meinem Vater. Wie zu Lebzeiten führe ich Unterhaltungen mit ihnen, stelle Fragen: "Wie würdest Du handeln, was würdest Du sagen", Gespräche = Gschwätzle eben.

Kommt jemand in meine Nähe, sage ich zu meinem Schutzengel, dass ich auflege und mich nachher nochmal melde, wenn ich wieder alleine bin.

Was spricht meine Seele, wenn ich morgens aufwache und feststelle, ich lebe noch, bin gesund über die Nacht gekommen und kann mein Tagwerk beginnen.

Grundsätzlich bedanke ich mich zuerst bei meinem Schutzengel in der lichtvollen geistigen Welt für diesen glücklichen Umstand in einem Satz.

Nach dem Frühstück, der Morgenlektüre Tageszeitung und dem Badbesuch zum Schönmachen, frage ich meinen Terminkalender, was denn heute alles ansteht, zu erledigen ist. Und nach dem richten sich dann meine Gebete und meine Meditation.

Mein lieber Schutzengel in der lichtvollen, geistigen Welt. Hab du Dank für eine gute Nacht und das gesunde Aufwachen. Ich bitte um deine Begleitung am heutigen Tag und Schutz und Segen für mich und die meinen. Schenk du mir Liebe, Kraft und Unabhängigkeit. Hilf du mir, dass ich gerecht und ohne Groll und Zorn allen heute begegnen kann. Gib mir meine kindliche Freude, ein lachendes Herz und die Kraft zur Selbstliebe.

Steh du allen bei, die deine Hilfe und deine Begleitung heute benötigen.

So wünsche ich uns, meinem Fritz und mir noch einen schönen Tag und schicke ihm herzliche Grüße. „Bis heute Abend“.

Abschließen tue ich diesen Morgenteil immer mit dem Psalm 23 und dem Vaterunser.

„Der Herr ist mein Hirte“, dass dieser Psalm mich mein ganzes Leben begleitete, verursacht in mir ein wohliges Gefühl. Bereits mit 4 Jahren konnte ich diesen Psalm frei aufsagen und ich denke, dieser Text hat mich immer stark sein lassen, hat mir immer Hoffnung und Zuversicht gegeben, mich auch dankbar sein lassen.

Weiter geht es mit der Bitte, lass mich glücklich sein, mit dem, was ich bin und was ich habe. Hilf mir, dass ich einfach tue, was richtig ist und einfach lasse, was nichts bringt. Gib mir die Stärke, so zu sein, wie ich sein möchte und nicht, wie andere mich gerne hätten. Dann nehme ich auch nichts persönlich und bin allein für meine Erfolge und Niederlagen verantwortlich.

Lass mich immun sein, gegen das, was andere sagen und tun, dann muss ich auch nicht leiden, denn nichts ist wegen mir. Hilf mir, meine Angst in die Luft zu werfen, sie dir anzuvertrauen, damit ich Liebe verschenke, solange ich kann.

Befreie mich von allem, was mir nicht guttut, von Speisen, Menschen, Dingen und Situationen. Lass mich keine Zeit haben für Lügen, Heuchelei, Zynismus, akademische Arroganz, Verrat, Übertreibungen, Manipulationen und billiges Lob. Hilf mir, meine kindliche Freude zu pflegen und steh allen bei, die deiner Hilfe bedürfen.

Es hört sich viel an und riecht nach großem, zeitlichen Aufwand. Stimmt nicht, da meine Bitten ja von meinem Tagesablauf, meinen Vorhaben abhängen und die Anzahl meiner Vorhaben ist täglich unterschiedlich und variabel.

Fünf bis Zehn Minuten am Morgen und am Abend, so meine Schätzung, da ich hier nicht nach der Uhr gehe, kann aber ehrlich versprechen, du bekommst mehr, als du gibst.

Von großem Vorteil ist es, jeder kann mit seinem Schutzengel so reden, wie ihm der Schnabel gewachsen ist. Individuell, so wie ich möchte und kann, spreche ich meine Dank- und Bittgebete.

So gewappnet kann der Tag beginnen, es kann losgehen.

An anderer Stelle schrieb ich, dass so unglaublich viele Menschen in meiner Not an mich dachten, mir in vielerlei Hinsicht ihre Hilfe gaben.

Ich denke hier unter anderem an DIE SELBSTLIEBE, die Worte, die Charlie Chaplin an seinem 70. Geburtstag am 16. April

1959 vorgelesen hat, sowie das HANDBUCH DES KRIEGERS DES LICHTS von Paulo Coelho

Die edlen Vorgaben von Teresa von Avila, Charlie Chaplin und Paulo Coelho annähernd zu beherzigen, ja gar zu erfüllen, erfordern jeden Tag viel Kraft und Energie.

Und doch finde ich, wenn ich darüber nachdenke, es lohnt sich und ich probiere es immer wieder.

Die GEDULD von Teixeira ist ebenfalls ein wichtiger Bestandteil in meinen Meditationen und meinem Leben.

Die letzten Jahre übernachtete ab und zu meine Enkeltochter bei uns und da ich schnell und gut schlafen kann, ja damit gesegnet bin, gingen wir recht früh zu Bett und ich erzählte ihr gerne von meiner Kindheit, welche ich in diesem Buch beschrieben habe.

Der Segen ist gleich Geblieben und wir beide wollen auch Spaß beim Beten haben. Im Laufe der Zeit haben wir das Beten unseres Lieblingspsalms 23 neu aufgelegt.

Jeder sagt abwechselnd und fortlaufend ein Wort aus dem Psalm, bis er fehlerfrei durch ist. Verhaspelt sich einer, oder es schleicht sich ein falsches Wort ein, geht es wieder von vorne los. So können wir mit viel Spaß und Freude unseren Tagesdank sprechen.

Ich weiß, es fühlt sich sehr umfangreich, gar anstrengend an. Aus meiner Erfahrung in vielen Jahren stelle ich für mich fest,

wenn ich bedenke, was ich alles erbitte und dann auch geschenkt bekomme, sind meine täglichen Gespräche mit wenig Kraftaufwand verbunden und kosten nicht einmal etwas.

Wenn es mir sehr schlecht geht, kommt ja bei jedem Mal vor, gehe ich ins Altersheim oder ins Krankenhaus. Ich finde immer jemanden, dem es noch viel schlechter geht und auf der Stelle mit mir tauschen würde.

Pater Anselm Grün hat unsere Hospizarbeit

schon mehrmals und mit Freuden unterstützt.

Persönlich hat er mir geschrieben:

Vertraue darauf, dass ein Engel

auch Deinen persönlichen Weg begleitet

und Du wirst entdecken, wozu Du fähig bist.

Du wirst Deine Einmaligkeit spüren

und den göttlichen Glanz Deiner Seele.

AUTOR

EDUARD MAASS

Seit über 30 Jahren ehrenamtlicher Kranken und Sterbe-begleiter.

Seit 1996 aktives Mitglied der ökumenischen Hospizgruppe Balingen www.hospiz-balingen.de

Gründungs- und Vorstandsmitglied im gleichnamigen Förderverein. www.hospiz-balingen.de

Koordinator und Trauerbegleiter, Initiator und Projektleiter für viele Aktionen und Projekten zu den Themen "Sterben, Tod und Trauer".

Herausgeber "Das Buch vom Abschied" 2012 erschienen im Verlag Droemer Knaur MensSana ISBN 978-3-426-87631-2

Buch "Mein Engel Fritz" 2018 erschienen im Verlagshaus Schlosser München ISBN 978-3-96200-014-1

Gründungs- und Vorstandsmitglied im Verein für Muskelkrankheiten und ALS Neckar-Alb in Reutlingen. www.muskel-und-als.de

Gründungs- und Vorstandsmitglied im Förderverein Hospiz Johannes e.V. Der Förderverein hat sich im Dezember 2019 in Sigmaringen für das künftige stationäre Hospiz der beiden Landkreise Sigmaringen und Zollernalb gegründet.

Der Autor lebt in Balingen im Zollernalbkreis.

INFORMATIONEN

Auf meiner Internetseite www.mein-engel-fritz.de findet ihr Leseproben und Interviews, Links und Presseveröffentlichungen und eine Bildergalerie.

Über diese Seite ist auch eine Kontaktaufnahme zu mir möglich und ich freue mich auf Eure Einladungen zu Lesungen, Vorträgen und Veranstaltungen. Schreibt mir Eure Geschichte. Ich höre und lese sie gerne und wir machen etwas daraus.

Facebook, Instagram und Youtube.